JN231116

それ、なんで流行ってるの？

隠れたニーズを見つけるインサイト思考

原田曜平

まえがき

この本は、「流行するものはなぜ流行するのか」「売れるものはなぜ売れるのか」「人を消費や行動に駆り立てる本質とは一体何なのか」といったことについて解き明かす、なにやら禅問答のような書です。

私は2013年に**「さとり世代」**という言葉を、2014年に**「マイルドヤンキー」**という言葉を自著で提唱し、それぞれの年の「ユーキャン新語・流行語大賞」の候補にノミネートされました。

「さとり世代」は、最近の若者があまり恋愛や消費をせず、あたかも欲望や煩悩を捨て、現実を「さとっている」かのように見えるというところから。「マイルドヤンキー」は地元にこもるタイプの最近の若者が、かつてのヤンキーのように、リーゼントにボンタンに改造バイクといった見た目が怖い人たちではなく、見た目も中身もヤンチャでなくなってきている（＝マイルドになってきている）というところから名づけました。

はっきり言って、どちらの言葉も、広告会社の人間が考えたとは到底思えない、まったくもってひねりがなくてシンプル過ぎる、極めて安直な造語といえるでしょう。しかし、実際にはこの言葉は流行り、あれから数年経った今でも、若者論を語る際にはよく使われる言葉として定着しています。一体なぜでしょうか?

別の話をしましょう。2016年、ドナルド・トランプがアメリカ大統領に就任しました。彼は時代に逆行する反グローバリズム、自国第一主義を掲げ、人種差別発言・女性蔑視発言を繰り返し、多くのメディアや主に大都市部の意識の高い人々からたくさんの批判をされながら選挙戦を繰り広げました。

ところが、フタを開けてみるとまさかの勝利。この結果には世界中が驚きました。これは一体、どういうことでしょうか?

さらにもうひとつ。日本の技術力や「ものづくり」の志は高いのに、メイド・イン・ジャパン商品は世界市場で以前より苦戦しています。特に白物家電や情報家電の分野では、かつては世界を席巻していただけに、より苦戦しているように見えます。どうして、こうした事態が起こっているのでしょうか？

実は、これら3つの「なぜ」の答えは、根本的には同じところに帰結します。

さらに、「なぜ、多くの地方創生プロジェクトはうまくいかないのか？」「なぜ、某テレビ局の作るあの番組は視聴率が下がっているのか？」「なぜ、会議であの人が話すときだけ皆が耳を傾けるのか？」といったことの理由も、根っこにあるものは共通しています。

本書では、こういった「人を動かすもの・心をつかむもの」「人を消費に駆り立てるもの」の根底にあるモノの正体、いわば「消費の動力」や「流行のスイッチ」と呼ぶべきものの仕組みや成り立ちを、豊富な事例とともにじっくり解説していきます。

私は博報堂という広告会社で「若者研究」を行う博報堂ブランドデザイン若者研究所のリーダーを務めています。高校生から20代の社会人まで、常時100名以上の実際の若者たちに協力してもらい、多様な企業からのご依頼でさまざまなトレンドや現象を彼ら彼女らと一緒にリサーチし、解明し、それを基に新しい商品や広告・プロモーションアイディアを開発することを生業としています。

そんな私が本書を書こうと思ったきっかけは、現在の広告業界全体に抱いた違和感です。

広告とは本来、消費者心理をついた表現を行うものであり、この消費者心理のツボを探る調査・分析を行うのが「マーケター」の主要な仕事です。そしてこれは、私の職務でもあります。そうして探り当てられた消費者心理のツボに基づいて、キャッチコピーやCMといった表現に昇華させるのが「クリエイター」と呼ばれる人たちの仕事です。

消費者心理のツボを正確についたうえでつくられた表現は、至極当たり前のことですが、消費者に響く確率が断然高くなります。当然、モノの売れ行きにも大いに貢献します。時代を問わず、本来、これが良い広告のはずです。

ところが、昨今の広告業界は、この最も大切な原理原則を忘れがちになっているように感じます。

たとえば、インターネット上の動画広告では、スキップされずに最後まで見てもらうために過激で扇情的な表現をつい多用してしまう。昔と比べてモノが売れなくなり、広告の効きも悪くなっていることから、表現の面白さや新規性ばかりに走ってしまう――要は、本来、最も大切であるはずの消費者心理のツボを十分につききれていない、分析しきれていない、いわば表面上の、表現にこだわった広告が増えているように感じます。

消費者心理は「本質」、表現は「伝え方」とも言いかえられますが、最も大切な本質を重視せず、表面上の伝え方ばかりに重きが置かれるようになっている状況は、いかがなものでしょうか？　本質なきところに良い伝え方など存在するはずがないのです。

そしてこれは当然、広告業界だけに限った話ではありません。

ネットで過激なタイトルをつけてアクセス数だけを狙うウェブ記事、「地方創生」という聞こえのよいキーワードを掲げるだけで、地方から都会へ出ていってしまった若者たちの心理のツボを分析していない自治体、現代の家庭が本当に欲しいものに十分なアプローチをしきれていない家電メーカー、ツイッターやインスタグラムのアカウントを作って一生懸命宣伝しようとしているもののフォロワーを増やせず、それどころか近くにできた安売り店にお客さんをとられている小売店……どこも同じです。

こうした私の現状への強い違和感から、「では、消費者心理という本質をとらえるためには、どのように考えればよいか？　どこを押さえればよいのか？」について改めてまとめてみたのが本書というわけです。

ここでいう「本質」や「消費のツボ」とは、広告業界では**「インサイト」**と呼ばれているもので、じつはかなり昔からある概念です。

モノがなく貧しい、いわば「モノに飢えた時代」に消費者のインサイトを見つけ出すことは、今から考えるとシンプルで簡単でした。より良い生活、より便利な生活、よりスタイリッシュな生活を提案すれば良いからです。

しかし今は、モノに溢れ、物質的には豊かになったものの、精神的に満たされない、いわば「心が飢えた時代」になりました。多くの企業が、こうした複雑な時代のインサイトを見つけ出せずにいるように感じるのです。

インサイトの解説は第2章でじっくり行うとして、まずは昨今の流行物を事例確認するところからはじめましょう。

消費者心理の根本を知り、そこにどうやってアプローチしていけばよいかを学ぶことは、広告やマーケティング業界関係者のみならず、広くビジネスパーソンの皆さんにも役立つことと思います。近年、「伝え方」についての本がベストセラーになっていますが、私はあえて、「伝え方」の手前にある「本質」のとらえ方こそが重要であり、すべてのビジネスコミュニケーションの原点であると、本書を通じて申しあげたいと思います。

原田曜平

第3章　クリエイティブ・ブリーフを作ってみよう　89

第1章

「マイルドヤンキー」「さとり世代」はなぜ流行語になったのか？

「マイルドヤンキー」はこうして生まれた

私は2014年1月に上梓した『ヤンキー経済　消費の主役・新保守層の正体』(幻冬舎新書)という本で、地元志向が強く、昔のヤンキーとは異なり、マイルドになっている若者のことを**「マイルドヤンキー」**と名づけました。

ただ、最初は彼らを「ヤンキー」という言葉の入ったネーミングで呼ぶつもりは全くありませんでした。なぜなら、今どきの彼らはいわゆる昔ながらの「ヤンキー」――改造車で暴走行為をしたり、派手な格好で周囲を威嚇したりする不良――とはまったく違うタイプで、そもそも「ヤンキー」という言葉の入ったネーミングはおかしいからです。

本を書くためのリサーチの段階では、私は彼らを「地元族」と呼んでいました。

本を書くきっかけとなったのは、とある企業の依頼で北関東でフィールドワークをしていたときのこと。巷ではいまだに「北関東といえばヤンキー」という風説が流布しているなのに、実際の北関東の路上ではいわゆるヤンキー然とした風貌の若者たちの、がっつり改造された車を見かけることが大変少なくなっていました。

ここに**「まだ言語化されてない現象・変化」**が起こっているのではないかと、私は直感的に思ったのです。そして、その後、日本全国でフィールドワークをしていくなかでも、いわゆる「ヤンキー」の若者たちが減少していることを確認していきました。

つまり、昔で言うところの「ヤンキー」の若者は全国的に少なくなっている、という主旨の本を書くつもりでしたから、本の中で「ヤンキー」という呼称を使うという発想は全くありませんでした。

そして、かつてのヤンキーには上昇志向・上京志向が強い人も多かったのに対して、今の彼らは現状志向・地元志向が強くなっているので、「地元族」と呼んだわけです。

ところが本を書き進めるうちに出版社から「書名を『ヤンキー経済』にしたい」と連絡がありました。理由は「ヤンキー」という言葉自体の引きが強いから。でも、私は困惑しました。本で論じている若者たちは、皆が頭に浮かべるような、「ヤンキー」ではありませんでしたし、事実、かつて「ヤンキー」と呼ばれたタイプの若者たちは、日本全体で大幅に減っていたのですから。

「ヤンキーという名前を入れてもらわないと困る」「いや、ヤンキーは減っているのだから、その言葉は使えない」。押し問答を担当編集さんとくり返し行った結果、妥協の産物としてパッと私の頭に浮かんだのが、後に流行語となる「マイルドヤンキー」だったのです。

要は、「ヤンキー」という言葉をどうしても残したいという出版社の意図を汲みとり、しかし、現実にかつてのヤンキー自体は減ってきていて、いま地元にいるのは、従来のヤンキーとは全く違ってマイルドになった若者たちなのである——そのことをうまく伝えたいという発想から生まれたのが、この「マイルドヤンキー」という言葉だったのです。

しかし、このマイルドヤンキーという言葉。創った段階では、超妥協の産物で最悪のキャッチコピーだと思っていました。なぜなら、「マイルド」と「ヤンキー」という真逆のニュアンスを持つ言葉を、ただ安易にくっつけただけだからです。「ほめ殺し」「キモかわいい」などと同様、真逆の概念を持つ言葉同士をくっつければ、それだけギャップや違和感が生まれるのは当然です。博報堂の新入社員がもしこんな造語を意図なく自信満々で私に提出したら、簡単な手法に逃げるな、とお説教をしていたかもしれません(笑)

ところが、結果的にこの「マイルドヤンキー」という造語は、優秀なコピーライターが経験と技術を駆使して作りあげた他の多くのキャッチコピーよりも、よっぽど影響力を持ってしまいました。

最初はNHKの「おはよう日本」でマイルドヤンキーの特集が放送されたのを皮切りに、「ZIP!」「月曜から夜ふかし」「有吉ジャポン」などの番組で次々に紹介されていき、マイルドヤンキーをテーマとした「水球ヤンキース」というドラマが作られ、木村拓哉さん主演の「ヒーロー」というドラマでは、北川景子さんが、昔、マイルドヤンキーだったことを告白するシーンまで出てきました。

妥協の産物として半ばやけくそに作った言葉でしたが、今から考えると、**多くの中高年が潜在的にうすうす感じていた、しかし言語化できていない事象を、この短い造語が言い表していたから、これだけ広がった言葉になった**ように思います。

「昔はたくさんいたヤンキーのあんちゃんたち、一体どこに行ったんだろう？」
「最近の若いヤンチャな子は必ずしも東京が好きじゃないみたいだし、かといってガンガン稼いでお金持ちになりたそうでもないなあ……」

中高年が抱くそんなモヤモヤした気分を、「マイルドヤンキー」という言葉はズバッとつき刺し、晴らしてくれた面が大きかったのだと思います。そしてこの言葉は一見表面的で、コピーとしては最低にも見えますが、若者の実態にきちんと基づき、過去の若者との違いも言い当てており、もやもやしたオジサンたちの心のツボをついたのでしょう。

「そう、それ!」――オジサンたちのそんな言葉が聞こえてくるようでした。

●「そう、それ!」と言わせたものが、心をつかむ

「さとり世代」も同じです。

「(自分たちが若かった頃もそうだったから)若者はエネルギッシュな生き物だ」という古来の常識に凝り固まっていた年配層。でも最近の若者たちは明らかに元気がない、覇気がないように見える。これって自分の周りの若者だけ? 一体なんなんだろう??……あ

あなるほど、今の若者たちはさとっているんだ! 経済の低成長時代に生まれ、上昇志向も物欲も少なく、あたかもさとっているように見えるんだ!「そう、それ!」

オジサンの「そう、それ！」という発声を、まさに目の前で聞いたこともあります。とある企業のマーケティング担当者の方に、私を含む博報堂のマーケター陣が、中国市場における男性の美容に対する意識の変化について説明していたときのこと。しかし、彼はレクチャーを聞いても、どうにもピンと来ていない様子。

そこで私はぱっと思い浮かんだ言葉を言いました。「要は中国市場でも、日本の若年男性のように〝オトメン〟が増えている、ということです」。

すると彼は大声で「そう、それ！」と私の目の前で叫んだのです。

オトメン（乙男）とは、2009年の「ユーキャン新語・流行語大賞」の候補にもなった言葉で、もとは少女漫画のタイトル。その名のとおり、料理・裁縫・掃除など家事全般を得意とする男性のことです。その日本で流行語になった言葉が、今の中国の大都市部の若年男性を説明するときに有用だと思ったのです。

ただ、言葉だけを見ると単なる流行語に過ぎず、広告マンや企業のマーケティング担当者、つまり「その道のプロ」がビジネスの場で使うには、少々薄っぺらい言葉と言わざるを得ません。ところが、その道のプロである彼にもこの言葉はものすごく刺さったのです。

なぜなら、それまでの中国におけるさまざまな調査結果から、日本の若者たちと中国の大都市部の若者たち、特に男性の価値観やライフスタイルがともに大変女性的になってきている、という点でとても似通ってきていることが分かっていたからです。ぼんやりと感じていた中国社会の変化が、実態の伴った言葉で言語化されたことで彼ははっきりと理解できるようになったのだと思います。

「そう、それ！」という言葉が発せられるメカニズムをひとことで言うなら、**「言いたかったけれど口から出てこなかった言葉を言い当ててくれた」**という気分の発露、ではないでしょうか。かゆいところに手が届いた快感、と言いかえてもよいかもしれません。

トランプが大統領になれた理由

2016年11月8日、アメリカ大統領選挙の一般投票で、共和党指名のドナルド・トランプが過半数の選挙人を獲得し、2017年1月20日に第45代アメリカ合衆国大統領に就任しました。この結果には、アメリカ国内のメディアだけでなく、世界中が驚きました。

トランプは、時代に逆行するかのような反グローバリズム、アメリカ国民の利益最優先を掲げ、選挙期間中から人種差別的ともいえる発言で物議を醸していました。大半のメディアは民主党指名のヒラリー・クリントンの優勢を信じて疑いませんでしたが、蓋を開けてみると、驚くべき大どんでん返しが起こったのは皆さんご存じのとおりです。

しかし一体、なぜこんなことになったのでしょうか？

アメリカ政治の専門家に言わせれば、これにはいろいろな理由があるでしょう。しかしマーケターとしての観点から申しあげると、**トランプが大統領になれたのは、多くの人の「そう、それ！」を、対立候補であるヒラリー・クリントン以上に引き出したからです。**

彼は中間層の保守的な白人男性たちが言いたくても言えなかった本音、知らず知らずのうちに言語化をあきらめていたことを、歯に衣着せぬ物言いで、ズバリ言い当ててくれました。

中間層の白人は、前大統領であるオバマ政権下で推進されたグローバリズムやリベラリズムの割りを食い、既得権益を奪われて生活が苦しくなっていきました。彼らはトランプの掲げる自国第一主義や、かつての「強い白人男がリーダーシップをとる、古き良きアメリカ」に魅力を感じたのです。

　トランプの大統領就任に、「時代が逆行した」「アメリカ国民に失望した」と煽るメディアは少なくありませんでした。しかし、そんな理想論や「政治的な正しさ」は、多くのアメリカ国民が望む本音ではなかったというわけです。

　ただ、その「本音」はそれまで、世界的なグローバリズム化・リベラリズム化の潮流のなかで、後のトランプ支持者たちですら、潜在意識の底に押し込められていました。ましてや、職場や実名のSNS上といった公の場所で口に出すなんてとんでもない。実際、今回トランプに投票した人のなかには、彼の支持者だということを職場や近所に隠している人も相当数いたようです。

　多くの中間層の白人の「本音」の代弁者となり、彼らを解き放ったのがトランプだったわけです。トランプは、彼らが押し込めていた気持ちを、平易な言葉で、ズバズバと主張しました。「イスラム教徒のアメリカ入国を拒否すべきだ」「移民なんかくそくらえ」「人工中絶をした女性は罰を受けるべき」「女は美的に楽しめるオブジェクト」。

　トランプは、大衆に「そう、それ！」と言わせました。俺たちが言いたかったのはそういうことだ、よく言ってくれた、と。これも「そう、それ！」の一例で、その「本音」は、世界一の大国をも動かしてしまいました（ただし、この心のツボは、刺さりすぎるとマーケティング上では大きな効果を発揮しますが、状況によってはポピュリズムや悪い宗教やテロリストなどによる洗脳にもつながる危険性があるので要注意です）。

まだ予備選のだいぶ前、トランプが立候補し、完全な色物、泡沫候補として注目されはじめた頃のことです。ある番組で、私がビートたけしさんと共演させていただいた際に、たけしさんが「案外この人がなったらおもしれえだろうなって思ってるアメリカ人は多いんじゃないかな」というお話をぼそっとされたことを覚えています。半世紀近く、日本の芸能界の第一線で「そう、それ！」を生み出し続けてきたたけしさんは、うわべだけのかっこいい政治的キャッチフレーズよりも、閉塞するアメリカ人の心のツボに、いち早く気づいていたのかもしれません。

知識人がオピニオンを占める多くのメディアやリベラル勢力は、この大衆の本音に気づかず、薄々気づいたとしても、そこにフタをして、〝ないもの〟としていました。皆がなんとなくその存在の気配を感じていた、地元を愛好する若者たち「マイルドヤンキー」が、東京を中心とする都心部のメディアや企業に〝発見〟されてこなかったのも、これと同じ原理だと思います。

80年前の名著と小池都知事の「アウフヘーベン」

この本を執筆しているのは2017年11月ですが、2017年も、多くの流行物に「そう、それ！」が含まれていました。

2017年8月に発売された『漫画 君たちはどう生きるか』(マガジンハウス)は、発売後わずか3カ月で70万部という大ヒットになりました。元になっているのは、児童文学者・編集者の吉野源三郎さんが1937年に執筆、刊行された小説です。小説とはいえ、その内容は、15歳の男の子と叔父さんとの対話を主軸にした教養論、人生論のようなものといってよいでしょう。

いくら名著の漫画化とはいえ、80年前の作品です。しかも、ものすごく有名な漫画家さんによる漫画化というわけでもありません(失礼！)。ものすごく売れている漫画誌に連載していたわけでもありません。では、なぜここまで売れたのでしょうか。

実は私自身、この漫画は刊行と同時に書店の平積みで見かけて買ったクチです。実は昔から父の本棚でこの原作を見かけていて、タイトルだけはずっと頭に残っていたから。名著という評判は聞いていたし、なんとなく自分にとって〝必要〟で〝重要〟な本だとは思っていたのですが、実際にページを開いてみるまでには至らず、「いつか読もう」を先延ばしにしていたのです。

そういった、ある種の潜在的な後ろ暗さを抱えていた私は、書店で同名タイトルが漫画化されているのを発見し、まるで運命であるかのように、文字どおり本と「目が合って」、手にとってしまったというわけです。

少々敷居が高そうで後回しにしていた名著が、漫画という手軽な形式で「やっと読むことができるようになった」。そんな安堵感が購入を後押ししてくれました。「そう、それ！それが読みたかったんだ」を見事にかなえてくれたのがこの漫画だったのです。

『漫画　君たちはどう生きるか』の売れ方は、小池百合子都知事が希望の党を立ち上げる際の会見（2017年9月25日）で複数回使用した「アウフヘーベン」が流行語化した経緯と似ています。

アウフヘーベンとは新語でも何でもなく、ドイツの哲学者ヘーゲルが提唱した概念です。辞書的に説明するなら「対立する2つの概念を、その状態を保ちながら、より高い次元で統合・発展させること」。日本語では「止揚（しよう）」などと訳されます。

しかし多くの日本人にとって「アウフヘーベン」も「止揚」も、大学の一般教養の授業や本などでチラッと見聞きしたことはあっても、正直よくわかっていない言葉でした。

ただ、頭にはワードとして残っているし、なんとなく大切な言葉っぽいし、本当は理解しておいたほうがいいんだろうな……そんな後ろ暗さを、多くの人が潜在的に抱えていたのでしょう。そこにきて、小池さんというスター性の高い著名人が使ったことで注目が集まり、さらに「意見は割れているが、妥協ではなく理想的な状態で着地させたい」という彼女の政治的意図が、「アウフヘーベン」によってうまく説明されていたため、皆の頭にスッと入ったわけです。「そう、それ！　そういう意味だったのか！」

●現代の若者が「忖度」から汲みとったニュアンスとは

2017年の政治まわりで流行したのは、「忖度（そんたく）」。ちょうど本書の校了前日（！）に、『インスタ映え』とともに同年の新語・流行語大賞の年間大賞が決まったというニュースも入ってきました。

これももちろん新語というわけではなく、単に「他人の気持ちを推し量ること」という意味ですが、森友学園問題で「官僚の忖度があったのか？」と取り沙汰されたことによって、一気に流行語化しました。なお、本来の意味に「倫理的に悪い」といったようなニュアンスは全くありません。

従来「忖度」は少々難しい言い回しのため、あまり会話で使われることはありませんでした。正直いって、この漢字を「そんたく」と読めなかった人も多かったはずです。

しかし国民が注目する問題で、マスコミに連日取り上げられたことにより、意味や読み方が知られるようになりました。しかも、「根回し」などと同様、これほど日本人の国民性を表している言葉はないということで、広く国民の語彙としてインプットされたわけです。

概念そのものは「他人の気持ちを推し量ること」と非常にわかりやすいため、一度覚えてしまえば日常会話でも使いやすいという側面もありました。

流行語化して以降、特に若者が日常会話で「忖度」を使う場合は、「忖度（笑）」のように、少しバカにしたニュアンスを帯びているように思います。それは、官僚的・昭和日本人的な色の濃い「忖度」という態度を「古臭いもの」として笑い飛ばせるほどに、日本社会が変容したという背景もあるのでしょう。

現代人、特に若者にとって「忖度」とは、もはや美徳のひとつではなく、裏で手を回しているバッドイメージの象徴、古い日本人を自虐的に嘲笑した形容になってしまいました。

絶対NGだったはずの掛け合わせ『うんこ漢字ドリル』

2017年3月に発売された『うんこ漢字ドリル』（文響社）は同年10月時点で累計270万部以上のスーパーヒットとなりました。ドリルのすべての例文に「うんこ」の語句を散りばめるというバカバカしさが、子どもだけでなく大人にも大受けしたのです。

昔から、子どもたちが「うんこ」という言葉に異常反応し、「うんこ」と口にするだけで必ず笑ってくれるというのは、お子さんを持つ親御さんや先生がたであれば、説明するまでもない事実です。

ただ、それを勉強用のテキストに採用するのは最大のタブー。誰もやってきませんでした。そもそも、「うんこ」は子どもたちが好きなもの。「勉強」は子どもたちが嫌いなもの。あまりに遠い場所にある両者であるがために、「合うわけがない」と思い込まれていたのかもしれません。

ところが、今まで誰も掛け合わせなかったこの二者を掛け合わせたら、「あれ、意外と合うじゃないか」と世間に喜ばれたのです。個別には知っていたもの同士が、新しく組み合わさることによって、別の発見が生まれる。その時には思わず言ってしまいませんか。「そう、それ！　それだったんだ！」

この背景には、親の世代の意識の変化が大きく影響していると思います。昔の親なら、下品な「うんこ」が勉強の領域に入ってくるなど、断じて許さなかったでしょう。しかし、現在小学生の子を持つ団塊ジュニア近辺の世代の意見は、幼い頃から親に眉をひそめられながら品のない漫画やテレビ番組に親しんできたため、上の世代に比べれば頭が柔らかい。「勉強」に「うんこ」が入ってくることにも寛容なのです。

ハンドスピナーが流行った本当の理由

2017年のヒット商品としてよく名前のあがるもののひとつに、「ハンドスピナー」があります。これは指で回転させて遊ぶ至ってシンプルなアメリカ発のおもちゃで、若者のペン回しの新しい形として浸透したともいわれています。たしかにペン回しよりもかっこいいですし、それも理由のひとつでしょう。

ただ、ヒットした背景としてもうひとつ、「喫煙率の低下」もあると思います。昨今の日本、特に東京では、欧米に比べても室内外共に禁煙であることが多く、喫煙者は、タバコを吸える機会や場所がどんどん減らされています。電子タバコがヒット(84ページ参照)したのも当然でしょう。ただ、電子タバコといえど、取り出して吸うのが憚(はばか)られる場所は東京にたくさんあります。

一方、これは喫煙者の方でないとおわかりにならないかもしれませんが、実はタバコを指に挟む動作は、格好の「手持ち無沙汰の解消手段」なのです。つまり喫煙者はタバコが吸えないと、手がとてもヒマになってしまう。それを解決したのが、小さくて携帯しやすいハンドスピナーだったわけです。

こうして日本では、ハンドスピナーが喫煙者の一部にとって、タバコに代わる新たな手持ち無沙汰解消ツールになりました。この珍奇なアメリカ発のオモチャは、日本の喫煙者から「そう、それ！　そういうのが欲しかったんだよ」の言葉を引き出したのです。

なぜ「大量購入」ではなく「爆買い」なのか

毎年12月に発表される「ユーキャン新語・流行語大賞」は、世相を反映する指標のひとつとして、長年にわたり親しまれています（表1）。ここでは、ここ数年の新語・流行語から主だったものをいくつかピックアップし、どんな部分に「そう、それ！」が内包されていたのかを、ざっくり振り返ってみましょう。

２０１６年の「(僕の) アモーレ」は、サッカー日本代表の長友佑都(ゆうと)さんが、交際中だった女優の平愛梨さんを指して言った言葉。イタリア語で「愛する人」の意味です。

※本書執筆時点（2017年11月）で2017年度のトップテンは未発表

2015年

爆買い【年間大賞】

トリプルスリー【年間大賞】

アベ政治を許さない

安心して下さい、穿いてますよ。

一億総活躍社会

エンブレム

五郎丸（ポーズ）

ＳＥＡＬＤｓ

ドローン

まいにち、修造！

2016年

神ってる【年間大賞】

ゲス不倫

聖地巡礼

トランプ現象

ＰＰＡＰ

保育園落ちた日本死ね

（僕の）アモーレ

ポケモンＧＯ

マイナス金利

盛り土

【選考委員特別賞】

復興城主

表1「ユーキャン新語・流行語大賞」トップテン

2013年	2014年
今でしょ【年間大賞】	ダメよ～ダメダメ【年間大賞】
お・も・て・な・し【年間大賞】	集団的自衛権【年間大賞】
じぇじぇじぇ【年間大賞】	ありのままで
倍返し【年間大賞】	カープ女子
アベノミクス	壁ドン
ご当地キャラ	危険ドラッグ
特定秘密保護法	ごきげんよう
ＰＭ２．５	マタハラ
ブラック企業	妖怪ウォッチ
ヘイトスピーチ	レジェンド
【選考委員特別賞】	
被災地が、東北が、日本がひとつになった	
楽天、日本一をありがとう	

まずこの背景として、国立人口問題研究所の調査結果によると、今の日本は、20代未婚者男性の7割、女性の6割に交際相手がいないので、そもそも人前でラブラブっぷりをアピールする(できる?)若者の絶対数が昔に比べると大幅に減っています。だから、異性とのイベントであるバレンタインデーの市場規模も、性別が関係ないイベントであるハロウィンにとうとう抜かれてしまっているわけです。テレビのトレンディな恋愛ドラマが軒並み視聴率をとれなくなっているのも、こうした背景が影響しています。

そんな状況下ですから、カップルが人前でラブラブ感をアピールするのは、パートナーがいない人に嫌味になってしまうので、若者の間で憚(はばか)られる傾向が強まっています。

でも本当は、心の底ではラブラブ感を全開で出したいし、甘い言葉も口に出したい。そんな抑圧された気持ちを代弁すべく、好感度の高い長友さんが同じく好感度の高い平さんにサラッと言ってのけたのがこの言葉です。「そう、それ!」「よくぞ言ってくれた!」と、いちゃつけない、いちゃつきに憧れる多くの若者たちから支持を集めたわけです。

「保育園落ちた日本死ね」はトランプ支持の構造と似ています。子を保育園に入れられずに苦しむ母親たちの鬱屈した気持ちを「そう、それ!」と見事に代弁してくれたのです。

多くの日本人は小さい頃からの教育で「死ね」という汚い言葉を使ってはいけないと教えられています。一方で、共働きで必死に働きながら、保育園が見つからない状況は、むしろ汚い言葉を使ってしか表せないくらいひどく辛い状況なわけです。

そんななか、過激な言葉遣いでタブーを破ったという、ある種の「スカッとした！」爽快感が大きかったのだと思います。それが多くの人の「そう、それ！」を喚起したのです。

２０１５年の年間大賞を獲得した「爆買い」も、日本人が抱く複雑な感情を巧みに代弁しました。日本経済が停滞するなか、中国人観光客がたくさんお金を使ってくれるのは光明でもあり、ありがたくもある。ただ、アジア諸国の中では日本人が「一番裕福」であってほしいという気分がどこかにあるので、手放しでは喜べない……。

「ものの良し悪しもわからないのに、金にものを言わせて買い漁っている」という黒い感情が沸き起こっても、そんな考えをとても公には表明できない――そうした状況下、若干下品な表現である「爆買い」に、その気持ちが込められている面もあるのかもしれません。

これもトランプ同様、「公では言いにくいネガティブなこと」の代弁者としての役割を果たしたわけです。

中国人がたくさん買い物をすることをフラットに表現するなら、「大量購入」でもいいはずです。が、それでは「乱暴な買い物」の気分が込められません。褒められた話ではないですが、日本人の中国人に対する見方が、やや反映されたワードが「爆買い」なのです。おそらく、ミランダ・カーやレディ・ガガが銀座や原宿で大量に買い物をしても、「爆買い」とは言われないと思います。

「カープ女子」「インスタ映え」「ブラック企業」はなぜウケたのか？

2014年のベストテンには「カープ女子」が入っています。カープを応援していた女性は昔から広島を中心にたくさんいましたが、ここ数年で、広島以外にも全国的に急増しました。理由のひとつには、本拠地である「MAZDA Zoom-Zoom スタジアム広島（マツダスタジアム）」の改修があると思います。

マツダスタジアムは2010年頃から、テラス席やパーティーフロアの改修、カフェの新設、フードメニューの充実、話題になった「関東カープ女子野球観戦ツアー」を実施するなど、さまざまな施策を進めました。女性ファンの増加は、その成果といえます。彼女たちの「そうそう、男臭い野球観戦でそういう女性的なサービスが欲しかった！」という潜在的なニーズを、丁寧に汲みとることに成功したのです。

加えて、若者にとってはサッカーと比べてマイナーなスポーツ扱いになってしまってい る野球を「好き」と公言することが、他者との差別化アピール、てっとり早い「キャラ立ち」の手段になっている側面が多分にあるでしょう。特に関東圏の若者にしてみれば、ホームグラウンドが地方である広島ということも、差別化ポイントのひとつでした。

「落語女子」などという言葉も同様に広がっていますが、最近の若者の間で、テレビをつければ誰もが見られる「お笑い」ではなく、ある程度の予備知識が必要な「落語」好きを公言する人が増えているのも、似たメンタリティということができるでしょう。

近年、**「インスタ映え」**という言葉が流行っており、本書の校了前日に発表された２０１７年の新語・流行語大賞でも年間大賞を受賞しました。写真や動画を共有するSNS「Instagram（インスタグラム）」で「いいね！」を集めやすい、見栄えの良い風景や料理、服装などをさして「インスタ映えする」というのですが、カープのチームカラーがインスタ映えする「赤」であることも、「カープ女子」にとって大きな要素であることがよく指摘されます。カープの赤いユニフォームを着て写真を撮ってインスタグラムにあげている彼女たちが、ジャイアンツの黒とオレンジのユニフォームで同じことをするかというと、どうでしょうか。事実、カープのホームのユニフォームは白なのに、多くのカープ女子が着ているのは、遠征用の赤いユニフォームなのです。

どの要素も、若者が自分でも気づいていなかった「そう、それ（いいよね）！」のツボをついているから、東京の若者女子の間でも「カープ女子」は増加したわけです。

2013年の「ブラック企業」は、若者とオジサン両方の「そう、それ！」を喚起しました。若者の場合、会社に対する愚痴を「それはお前のワガママなんじゃないか」と反論されないための、ものすごく便利な言い方が「うちの会社、ブラック企業でさあ」でした。この一言で、悪者はすべて会社側が引き受けることとなり、若者自身の責任をゼロにできるのです。

一方のオジサンとしては、若者にすり寄るのにうってつけの言葉でした。「そうか、今の若者は大変なんだな、うんうん、気持ちわかるぞ」を集約した言い方として、「ブラック企業に搾取される若者」という構図を手軽に設定できる。とにかく多くの人にとって使い勝手がいいのがこの言葉のポイントです。

もしこれを「違法企業」と言いかえてみたら、どうでしょうか。そうなると、企業が明確に法を犯している必要があるので、不平を言っている側に、雇用者側の違法を証明する義務が生じてきます。また、単に「業務がキツい」というだけで、自分の感情にまかせて口にできる言葉ではありませんから、使えるシーンが一気に狭くなってしまいます。

そういう意味では、具体的な論拠がなにひとつなくても、印象だけでサクッと会社をディスる（悪く言う）ことができる「ブラック企業」は、非常に汎用性の高い、都合の良い言葉だったわけです。

流行語大賞のターゲットは「一般のオジサン」

ただ、毎年の「新語・流行語大賞」には「なんでこんな言葉が選ばれたの？」といった疑問が持ち上がることも少なくありません。

なぜこんなことが起こるのでしょうか。それは、流行語大賞はオジサン、主に40～60代の「そう、それ!」を喚起する言葉が頻繁に選ばれる傾向にあり、平均年齢がとうとう50歳を超えた日本においては、それが妥当な側面もあるからなのです。

したがって、オジサンではない10代、20代、30代にピンと来ない言葉が毎年含まれてしまうのは当然。言葉によっては、「それ、2年前からとっくに言われてたよ……」などというケースが、若者からしてみたらたくさんあるかもしれません。


2017年の新語・流行語大賞で年間大賞を受賞した「インスタ映え」がまさにその例といえましょう。若者たちの間ではすでに数年前から使われている言葉ですが、2017年になって、ようやく中高年に伝わりはじめたということです。

また、2016年の年間大賞は、広島東洋カープの緒方孝市監督が言った「神ってる」でしたが、これも、女子高生の間では何年も前から普通に使われていた言葉です。案の定、ネット上では「今さら?」という声が多く見られましたが、オジサンからすれば新味もインパクトも絶大です。

実際、緒方監督は娘さんが使っていた言葉をそのまま使ったとのこと。緒方監督はアラフィフのバブル世代。バブル世代は若者文化に興味津々で、子どもから取り入れることに抵抗がない世代ですから、さもありなんという感じです。

2015年には「SEALDs（シールズ）」もトップテンに入っていましたが、これも若者からすれば「？」な案件だったかもしれません。今の若者の多くは全体的に政治離れしており、彼らを支持する若者たちはかなりの少数派。

70歳近い団塊世代のオジサン、というか、ほとんどおじいさんの世代に、かつての学生運動のノスタルジーを彼らが喚起した結果のノミネートであると私はとらえています。実際、当時オジサン向けメディアがこぞってSEALDsを持ち上げていたのはそれを象徴していいます。

SEALDsがデモの際にメンバーが行っていたラップにしても、見事にオジサンのツボ――「若い人といったらラップだよね、うん、わかるよ」をついていました。当時、私の周りの若者の大半はあのラップを白けた目で見ていましたし、実際、「あのラップはダサい」とSNSで話題になったりしていましたが、本当に最先端のラップではオジサンがついてこられなくなってしまいますから、あれくらいのダサさがちょうどよかったわけで、恐らく彼ら自身も、バックアップしてくれるオジサンたちのツボを見ており、若者に向けた本格的なラップを意図的にやっていなかったのだと思います。

2013年の年間大賞になっていた「じぇじぇじぇ」もそうです。これはNHKの朝ドラ『あまちゃん』に出てきたセリフですが、そもそも若者たちの間で『あまちゃん』の視聴率は高くありませんでした。もともと朝ドラは若者の視聴率が低い時間帯の番組で、高校生以下であればもう学校に行っている時間ですし、大学生であれば、きっとまだ寝ている人も多かったりする時間帯。でも、社会現象になっているドラマと当時いわれたわけです。

このように『あまちゃん』のヒットは若者抜きの社会現象だったわけで、今の高齢化した日本社会を色濃く表していたともいえます。

また、内容も若者にはあまり理解できない点もありましたが、それも当然で、同作に詰め込まれている80年代カルチャーへのオマージュやパロディは、バブル世代近辺か団塊ジュニア世代あたりにしか刺さらなかったからです。

さらに、「地方から上京してアイドルになりたい」という登場人物の女性の動機設定も、上京志向の薄まった20代のマイルドヤンキーにとってはピンと来ないことこの上ありません。「無理して東京に行くより、居心地のいい地元にいたほうがいいじゃん」という価値観になっているのですから。つまり特定世代、すなわちバブル～団塊ジュニア世代のみの「そう、それ！」を強烈に引き出したのが『あまちゃん』だったのです。恐らく脚本家の宮藤官九郎さん世代にはドンピシャで刺さったのではないでしょうか。

もちろん、オジサンたちの中には、「いや、俺だって流行語の中には違和感を抱くものもあるぞ」という方もいらっしゃるでしょう。きっとそうした方々は、テレビ、出版やインターネットなどのメディア関係、広告や芸能といった業界の仕事に就いているか、個人としてアンテナが高く、新語やトレンドを一般より早く得ている方ではないかと推測できます。

「新語・流行語大賞」のターゲットは、あくまで「一般の」オジサンです。「一般」とは、右記のような職業〝以外〟のお仕事をされている方のこと。毎日のようにトレンドや文化的ムーブメントを追跡することを生業にしている人の「流行のモノサシ」は、「一般」の人とは良い意味で明らかにズレています。彼らが「そんなの去年からあった」と言っても、多くの人の目に触れたのが今年であれば、「今年流行ったもの」としてカウントされる。

その一般目線を正確に汲んでいるのが「新語・流行語大賞」というわけです。

年齢や属性によって、「そう、それ！」と叫ぶ対象は変わってくるということは、のちのち大切になってきますので、心に留めておいてください。

第2章

ヒット商品に共通する、ひとつの法則

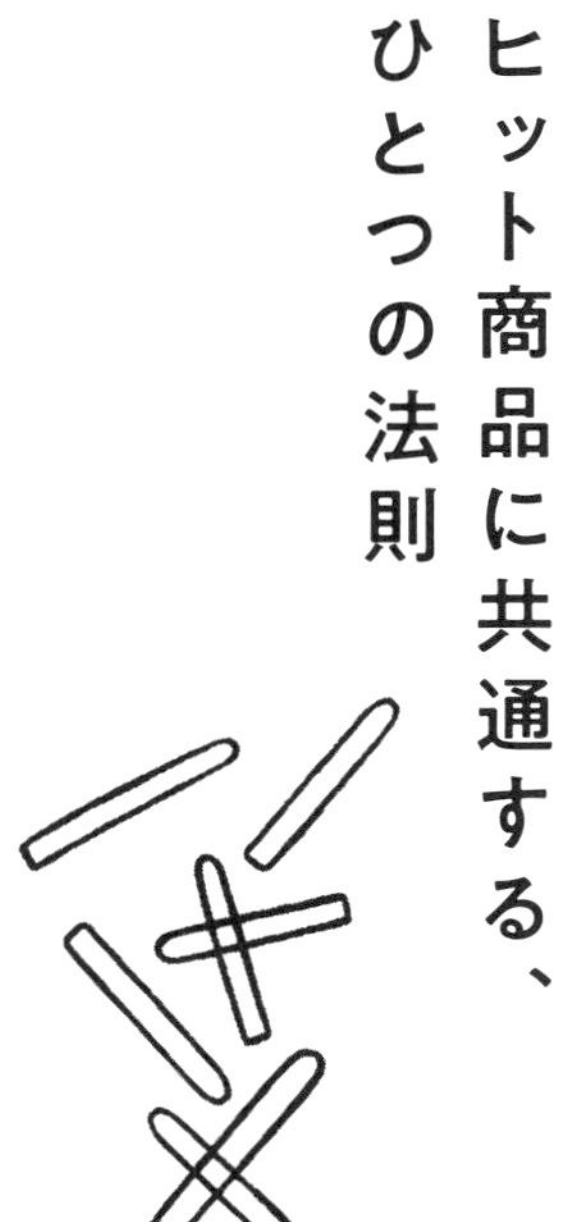

「売りたいもの」と「欲しいもの」は違う

「そう、それ！」は必ずしも「今までになく斬新」である必要はありません。

ここで自動車産業の話をしましょう。現実の話ではなく、現実の自動車産業を〝参考〟にして私が作った、ひとつの寓話として読んでいただければと思います。

自動車メーカーA社のクルマは、10年くらい前まで、特に若者の間で「かっこ悪い」と言われていました。デザインは保守的で、悪くいえばベタ。他社が発売した人気のあるデザインやコンセプトのクルマを、数年遅れで世に出します。

一方の自動車メーカーB社は、長らく技術力とデザインセンスに定評があり、若い世代にも人気があるメーカーです。見たこともないような先進的な機能や斬新なデザインの車をどんどん市場に出し、常に注目を浴びます。

さて、ここで問題です。現在のA社とB社、どちらの会社のほうが高い市場シェアをとっているでしょうか？

正解はA社です。B社ではありません。

A社とB社の組織上の最も大きな違いは、どの部署が力を持っているかです。A社は営業部、B社は商品企画部。この違いはかなり大きいといわざるを得ません。

A社の営業部は、商品企画部の人間に対して「車体のここをもっと短くしろ」などと、デザイン面まで具体的にダメ出しします。商品企画部が「それだとデザインがかっこ悪くなります」と言い返そうものなら、すかさず「デザインなんて関係ない。お客様がそう言ってるんだ」とピシャリ。「○○社の△△という車種が売れているらしいから、ちょっとだけ変えよう」というオーダーもまかり通っています。

もちろん、B社のほうが会社として〝素敵〟ではあります。デザイナーや技術者が極限まで理想を追求し、斬新なデザインや先進的な機能を車に盛り込む。そこには崇高な職人魂や、ものづくりの素晴らしさがあります。

しかし、厳しい言い方をするなら、B社のやり方は「消費者不在」になりかねません。多くの消費者がクルマに求めているのが「斬新さ」や「先進性」ではなく、単に「使い勝手」なのだとしたら、B社は「求められるクルマ」ではなく「作りたいクルマ」を作ってしまう可能性があります。これでは、デザイナーや技術者の自己満足と言われても仕方ありません。

「技術者やデザイナーが作りたいクルマ」より「普通のお客様に求められるクルマ」を迷いなく作るA社は強いのです。

ただしA社も、いくらヒットしている他社のクルマが消費者ニーズに合致しているからといって、あまりに露骨に真似をしていては、消費者は興醒めしてしまいます。A社かB社かの二択であればA社が勝つ確率が高いとしても、消費者が究極的に求めているのは、「未知のドキドキ」です。つまり、既に顕在化しているニーズをさらに満たそうとしても、そこに未知のドキドキは生まれません。最も強いクルマは、A社で言うところの営業の調査とB社で言うところのデザイナーの勘によって、まだ顕在化していない消費者の潜在ニーズを発見することから生まれるのだと思います。

ともあれ、この寓話には、重要なヒントが隠されています。

売り手側が「売りたいもの」と、消費者が「欲しいもの」がズレると、「そう、それ！」は絶対に発生しないということです。何を当たり前のことをとお思いかもしれませんが、かなり多くの人や企業、自治体などの陥る罠がここに潜んでいます。

トホホな地方創生

地方創生事業・地方振興プロジェクトの失敗で特に多いのが、まさにこれ。観光協会にしろ、土産物屋にしろ、彼らは「その土地に昔から伝わる△△という建造物を見てほしい」「土地名産の◯◯を食べてほしい」といった、「自分たちが××してほしい」という発想一辺倒で、売りになる「名物」を自己都合や自分たちのセンスだけで設定し、展開します。

結果どうなるか。観光地ではどこの土産物屋にも同じようなものが並び、その中には埃をかぶっているものもたくさんあります。彼らは自分たちが売りたいものをどの店にも同じように並べ、ただ座して客が来るのを待っているだけ……。

これは、本気で外から観光客を呼びたいときには、意味をなさない考え方です。自動車メーカーB社と同様、自己満足に基づく消費者への「押しつけ」に他ならないからです。

もし本当に観光客を呼びたいなら、A社のように観光客が求めているものを徹底的にリサーチし、それを商品、つまり土産物やイベント企画などに反映していかなければなりません。

当地に伝わる寺がどれだけ由緒正しい名刹だろうが、そこで採れる山菜がどれだけ美味だろうが、もし観光客の求めるものが、39ページでもご紹介したインスタ映えするもの、すなわち「インスタグラムで投稿したときにキレイに見えるもの」であれば、薄暗い寺にも茶色い山菜にも、まったく引きはないのです。

観光地が考えるべきは、古寺をイルミネーションで飾る方法だったり、山菜をカラフルなスイーツに盛る手段だったりということなのです（あくまで、たとえです）。

「土地に古くから伝わるものでなければ、売りにする意味がない」というのは、その土地の人の勝手な理屈です。一度しかその土地に来ない多くの人にとって、そんな歴史は関係ありません。美しいデザインの建造物なら、新しくても古くても、遠くから見にくるでしょう。土地の伝統でもなんでもない、昨年開発したばかりのB級グルメでも、美味しくて見た目が面白ければ、遠くからでも、わざわざ食べにくるはずです。実際に、そうやって人を集めている地方の街はたくさんあります。

観光協会が「見せたいもの」ではなく、東京の若者が「見たいもの」が何かを考える。

それをいくら説明してもご理解いただけない自治体が、本当に多いのです。

が、企業もそれを笑ってはいられません。何のリサーチもせず、主力商品の品質に自信があるからと「座して客が来るのを待つ」だけの会社もまた、少なくないのですから。

2つのテレビ局を分けた明暗

自動車メーカーA社とB社のような事例は、世の中にたくさん転がっています。たとえば、テレビ局のC局とD局の事例もそうです。これも現実のテレビ業界を参考にした、あくまでたとえ話として聞いてください。

C局とD局の作る番組は、とても対照的です。

C局は、口の悪い人に言わせれば「ダサくて泥臭い」番組づくりを旨としています。何かが流行していると聞けば、節操なく聞きつけて情報番組で紹介し、好感度の高いタレントを上から順にコメンテーターとして起用します。

C局では、多くの人が関心を持つ社会問題や社会情勢は、すぐにドラマの題材となります。あまりにも流行に乗りすぎていると一部から失笑を買うこともありますが、そんなものはどこ吹く風。1人でも多くの人が興味を持つものを、1人でも多くの人に理解できるよう、わかりやすく料理するのがC局の流儀。そこでは、革新性や作家主義は二の次です。リサーチに基づく、「積み立て式」のものづくりなのです。ディレクターや構成作家の「天才的ひらめき」には、重きが置かれません。

一方、D局の局員は、自分たちには「センス」があり、「クリエイティブ」に長けているという意識があるため、大衆的・庶民的な番組づくりを軽蔑します。自分たちの「センス」を信じ、とにかく自分たちが「新しくて、カッコいい」と思える番組を作ろうとします。

D局内での主語はすべて「自分たち」。マーケティングリサーチに基づく番組づくりを、「ダサい」と思っているからです。だからD局の局員は皆、C局のことをバカにしています。

この時点でもうお分かりかと思いますが、視聴率競争では消費者ニーズを大切にするC局が、センス至上主義のD局に圧勝しています。

もちろん、D局の方法論が必ずしも間違っているというわけではありません。番組を作っている人のセンスと時代のトレンドがピッタリ合っていれば、キレキレの番組をつくることもまた、可能だからです。

とはいえ、いくら努力しているクリエイターでも、年をとれば、その人の感性と時代は否応なくズレていくもの。だからこそ、C局のような泥臭いリサーチも必要なのです。

クルマにしろ、番組にしろ、私が身を置いている広告業界にしろ、いわゆるクリエイターと呼ばれる人たち（デザイナー、ディレクター、プランナーなど）のセンス頼みでばかりものづくりをしていると、いずれ消費者不在に陥ります。ごく一部の天才クリエイターでもない限り、いつかは時代からズレていくからです。

そして、**消費者不在のものづくりは、長期的には、絶対に成功しません。**ターゲットとなる顧客に「売りたいもの」ではなく、彼らが「欲しいもの」を汲んで提供する。ただし、もう顕在化している「欲しいもの」ではなく、まだ顕在化していない「欲しいもの」を彼らに気づかせる。それが、顧客の「そう、それ！」を引き出す唯一の方法なのです。

『逃げ恥』はなぜ中高生に支持されたのか

第1章の最後で、年齢や属性によって何に対して「そう、それ！」と叫ぶのかが異なるという話をしました。D局の制作者はそれを理解していなかったのです。

逆に、それをよく理解した番組づくりが功を奏して大ヒットしたのが、2016年の10〜12月に放映されたドラマ『**逃げるは恥だが役に立つ**』(TBS系、以下『逃げ恥』)です。平均視聴率は14・5パーセント、最終話の視聴率は20・8パーセント(いずれもビデオリサーチ調べ／関東地区)。ブルーレイ・ディスク(BD)のBOXは初週3万枚を売り上げ、歴代のドラマBD売上で1位となりました。

『逃げ恥』が昨今の人気ドラマと異なっていたのが、テレビ離れが叫ばれる高校生・大学生にもよく見られていたことではないでしょうか(もちろん、その他多くの世代にも見られました)。その理由のひとつが、**恋愛をはじめるきっかけが、相応の説得力をもってちゃんと提示されていた**ことです。

前述したように、若者の間では「恋愛離れ」が進んでいます。理由はたくさんありますが、たとえば、誰が誰と付き合っている、誰それを狙っている、誰それと別れたといった情報が仲間うちに瞬時にSNSで拡散・共有されるため、恋愛がとても「面倒臭い」ものになっているのです。

そんな若者たちにとって『逃げ恥』が第1話で示した、「みくりが家事労働によって対価を得るために、星野源演じる平匡（ひらまさ）と契約結婚する」という状況は、一見、とっぴもない設定のように見えますが、今の若者の恋愛事情を考えると、「恋愛をはじめる」のに十分な説得力を帯びていました。

正確に言えば、みくりは結婚したあとで徐々に平匡に対して恋愛感情が生まれていったわけですが、とにかく恋愛（につながる結婚）の「面倒臭さ」を上回るほどの説得力を、若者たちは「報酬つきの契約結婚」に感じとったわけです。

もちろん、若者たち皆が実際に「契約結婚」をしたいと思っているわけではありませんし、これはそもそもドラマならではのフィクションです。しかし逆に言えば、それくらい特殊な状況下に置かれない限り、今の若者たちの中には「恋愛」に至るだけの「理由」を見いだせなくなっている人もいるのです。

今の若者たちがフィクションで描かれる恋愛を納得するには、『逃げ恥』くらいぶっ飛んだ特殊的状況が必要だったのです。「そう、それ！　それだったら、恋愛に発展するのもわかる！」というわけです。

『君の名は。』が若者に刺さった理由

若者の支持、ということでいえば、２０１６年8月に公開された新海誠監督のアニメ映画『**君の名は。**』の記録的ヒットも忘れてはなりません。興行収入２５０・３億円(２０１７年7月時点)は、邦画では歴代2位の記録。名実ともに日本の映画史に残る作品です。

本作のピュアな青春ラブストーリーやよくできたＳＦ映画としての側面は、ヒットの理由としてよく取り沙汰されましたが、私が特に若者に刺さった理由として考えるのは、主題歌を担当した日本のバンド、RADWIMPS(ラッドウィンプス)です。

「ラッド(RADWIMPSの略称)好き」は『君の名は。』以前から若い人たちの間にとても多く、その支持層も、たとえば女子大生ひとつとっても、ガリ勉のワセジョ(早稲田大学在学の女性)からキラキラ系の女子大生までと、実に幅広いものでした。

また、彼らの曲の歌詞は、どちらかといえばウジウジとした現代若者気質を反映しています。マイルドヤンキー的――マイルドになってきてはいるものの、一般的な若者からするとややオラオラしているように感じられる――なテイストに乗れない若者たちの代弁者

として、うまく機能していたわけです。

そんな彼らがこの映画の主題歌に起用されたことで、若者たちは「そう、それ！　私たちが好きなラッド！」となり、逆に主題歌を提供する映画に興味を持つようになりました。主従で言えば、RADWIMPSが「主」、映画が「従」です。実際、映画本編ではRADWIMPSの主題歌が冒頭でＭＶ（ミュージックビデオ）のように使われますが、何度も観に行っているリピーターの満足度を高いレベルで担保しているのも、こういった部分なのかもしれません。

もうひとつ、若者に刺さった理由として、鮮やかで美しい背景美術もあります。『君の名は。』には、まるで写真のように非常にリアルな風景や建造物などが描かれていますが、実は現実の風景ではありえないような明暗のメリハリをつけたり、派手な色味に調整したりしている、要は「盛って」いる絵が使われています。

これは完全にインスタグラムで好まれるような画調であり、若者に「そう、それ！　その絵！」と言われるビジュアルど真ん中でした（これは新海監督のもともとの作風ですから、作品があえてインスタ受けする画調を狙ったという意味ではありません）。

もちろん、『君の名は。』ヒットの理由はこれ以外にもたくさんあるでしょう。ただ、こ結果的に引き出していたことは間違いないと思います。

ビール業界にはもっと商機がある？

企業の商品企画部や開発部が、その部署の構成員とは年齢層が異なる世代向けに商品を開発したり売ろうとしたりした場合、ターゲット世代の「そう、それ！」に気づけないと、大きな機会損失をします。

たとえば日本のビール業界では、人口構成上、中高年の人口が多いので、若者層を狙いたくてもなかなか狙うことができず、30～50代を狙った商品開発が中心です。そうなると、「飲み会での最初の一杯の美味しさ」「缶ビールをプシュッと開けてごくごく飲む快感」をより体感させようといった発想から、どうしても抜け出せません。

しかし、若者の中にはビールが苦手な人が増えています。理由のひとつは、単純に「苦い」から。現代の味覚自体が変化していて、男子でも、苦いものが苦手で、甘いものが得意な若者が増えています。

以前、とあるビールメーカーの方が「今の若者はビールの美味しさをわかっていないだけで、メーカーが伝える努力すれば絶対にわかってくれる」とおっしゃっていました。確かにそういう面もあるかもしれませんが、それだけではないと思います。

たとえば、若者たちはオクトーバーフェストなどのビールイベントが大好きです。これは「ビールの味が苦手な若者」と矛盾するのでは……と思いきや、彼らが求めているのはズバリ、「インスタ映え」するビールの写真。ビールフェスで提供される見た目に派手でオシャレなジョッキ、リア充を気取れる非日常的な雰囲気は、「ビールは苦いから苦手」を楽に乗り越えるのです。

海外製クラフトビールの瓶の写真をインスタグラムに投稿する若者も少なくありません。あのオシャレなデザインは日本のややオジサン臭い缶ビールとは一線を画していて、並べるだけで絵になります。

もちろん海外のビールであっても、基本的には「苦い」ことに変わりありません。

しかしここでも、「インスタ映え」は味の苦手意識を軽々と凌駕するのです。

究極的にいえば、若者たちの中には**「苦かろうがなんだろうが、インスタ映えするなら金を払う」**人が増えているのです。実際、私がリーダーをつとめる若者研の女性のひとりは、「ビールは全然好きじゃないけど、海外のビールを飲んでいる自分を写真に撮ってインスタグラムに載せたいから、オクトーバーフェストに行く」とはっきり言っていました。

ビール好きにしてみれば腹立たしい発言かもしれませんが、若者の意見としては、それほど珍しいものではありません。彼らの「そう、それ！」は、「苦味のなかの美味しさ」にではなく、「ビールを飲んでいる自分のカッコよさ、海外製クラフトビールの瓶のオシャレさ」にあるのです。

昔であれば、超一部のカメラ好きが、こうした写真による動機を持っていたと推測できますが、皆がスマホでカメラを持つようになった今は、ごく普通の若者たちの間でこうした写真による動機が、かなりメジャーなものになってきているのです。

いずれにしろ、ビール業界が若者にもっとビールを飲んでもらうためには、いつまでもオジサンたちが発する「そう、それ！」に拘泥していてはいけない、ということではないでしょうか。

「そう、それ！」とは「インサイト」のこと

流行したもの、売れたものには必ず「そう、それ！」が内包されている。それがおわかりいただけたでしょうか。

この「そう、それ！」は、実は、広告・マーケティング業界で「インサイト」と呼ばれている概念です。「まえがき」でもちらりと触れましたが、「インサイト」は、人を消費行動に駆り立てる最も大切な要素です。

マーケティング用語としての「インサイト」は、それだけで講演や研修が組まれたり、本が書かれたりするほど、大変重要な概念です。にもかかわらず、これという決定的な訳語が存在しない、ちょっと困った言葉でもあります。

「インサイト（insight）」は直訳すると「洞察」ですが、これではよくわかりません。

「インサイト」を「消費者の心のツボ」と解釈する人もいれば、「消費者の潜在ニーズ」と説明する人もいます。すでに顕在化しているものであれば、「そう、それ！」とはなり

ませんから、あくまで潜在的でなければなりません。「未充足のニーズ」などと言われることもありますが、まさにこれも同じことを指しています。インサイトを探り当てることを「世の中に補助線を引く行為」だとたとえる人もいます。

博報堂ケトル代表取締役社長の嶋浩一郎さんは、インサイトについてこのように語っています。

企画において最も避けなければならないのは、「あれもやります、これもやります」といいろいろなことを盛り込んでしまうことです。優れたアイデアはたくさんあるかもしれません。しかし、リーダーはその中から、クライアントの課題に対して「最も効くツボ」を見極めなければなりません。では、その「ツボ」とは何か。それがインサイトです。そのアイデアは人々のインサイトをとらえているか。ターゲットの本当の欲望を言い当てているか——。それが、企画のファシリテーターであるリーダーが必ず持たなければならない視点であると僕は思います。リーダーがインサイトをしっかりとらえることができていれば、チームは強くなり、人を動かす施策を生み出すことができます。

（中略）

あらためて、インサイトとは何か。繰り返しますが、直訳すれば「洞察」ですが、むしろ「欲望」、それも「見えない欲望」と考えるのがわかりやすいと僕は思います。

あらゆるコンテンツは、ターゲットの欲望に応えて初めて意味あるものになります。しかし、欲望をとらえることは簡単ではありません。なぜなら、ターゲット自身がその欲望をわかっているとは限らないからです。だからこそ、「洞察」が必要なのです。

僕たちは、「見えない欲望ハンター」にならなければなりません。

（博報堂マーケティングスクール「ファシリテーション型リーダーシップ講座」講義録より。http://www.hakuhodo.co.jp/archives/report/41295）


この本は広告業界やマーケティング関係者だけに向けた専門書ではありませんので、「インサイト」という用語で物事を説明されても、読者の皆さんにはあまりピンとこないかもしれません。そこで、私なりの解釈として「そう、それ！」と翻訳させていただきました。

本書で今まで「『そう、それ！』を喚起する」と説明してきたことは、すべて「インサイ

トをついている」と言いかえられます。

「伝え方」の前にインサイトを掘れ

広告づくりという行為をシンプルに説明するなら、「インサイトを表現化すること」に尽きます。そのインサイトを導き出すのがマーケティングの仕事、表現するのがクリエイティブの仕事です。

私は博報堂に入社後、いわゆるマーケティング部署であるストラテジックプラニング局というところに配属されました。ある商品の広告を作るとき、調査によってインサイトを抽出するのが至上命題である部署、といっても過言ではありません。

ところが入社早々、ある違和感を抱きました。インサイトという言葉は日々職場を飛び交っているのに、なんだか表面的な「表現化・コピー化」にばかり力点が置かれて、本当に深い「心のツボ」を見つけようとしていないケースが多いように感じたのです。

本来、消費者の「この部分をついたら、とても気持ちよくなってくれる」というポイントがインサイトのはずなのに、中身があまりない、しかしコピーとしてはカッコイイものをインサイトと呼んでいるような……若造のくせに生意気でしたね。

クリエイターとマーケターの連動がうまくいっていないケースも多いと感じました。マーケターが深いインサイトを発見しても、クリエイターは表現のおもしろさ、耳触りの良さ、キャッチーさだけを追求してコピーをつくってしまい、その表現は本質を表していないケース。その場の一瞬の受けはいいし、一見カッコイイといえばそうなのですが、消費者心理をズバッとついているとは言いがたいでしょう。

2003年、私が25歳のとき、そんなモヤモヤした思いを「新世代へのマーケティング～確信という名の希望のために～」という論文にしたためたところ、広告業界で賞をいただきました。表面的でトレンディなキーワードだけではもう若者はだまされない。本物のインサイトをつかなければいけない、という内容です。

たとえば、「環境に配慮」は当時の広告業界では頻繁に使われたトレンディワードでしたが、果たしてどれほどの消費者が、当時、自分ごととして環境問題を考えていたでしょうか？　ただ単に「環境にやさしい商品」と謳(うた)ったからといって商品が売れるはずはありません。当時の（今でも？）多くの消費者には、自分とは関係ないと判断されてしまうのです。若造の私はこのトレンディワードを、非常に薄っぺらくて、インサイトをついていない言葉だと思ったのです。

広告業界には長らく、「伝え方次第で本質はカバーできる」という考え方が蔓延していて、現在に至るもその潮流は根深くあります。もちろん伝え方はとても大事ではありますが、本質をおざなりにしてはなりません。本質なきところに表現なし。小手先のテクニックでその場しのぎをしても、それは応急処置であって体質改善ではないのです。

第3章でも説明しますが、インサイト探しには時間と労力がとてもかかります。有名なクリエイターである佐藤可士和さんは、かつてある商品のCMを作る際、その商品の工場に頻繁に足を運んで、工場の人の話をよく聞いていた、という噂を聞いたことがあります。完成した商品の段階よりずっと川上にまで遡（さかのぼ）って、自分の目でその商品が作られる過程を見ないと、正確なインサイトを導き出せないというわけです。**超一流の表現者は、実は表面的な表現ではなく、インサイトを導き出すことに全力を使っているのです。**

「マイルドヤンキー」が世で話題になった一番の理由は、「マイルドヤンキー」という呼称そのものが表面的な表現としてキャッチーだったからではなく、その頃の私が、実態調査でものすごい数の地方の若者と会い、インタビューしまくったことで、彼ら彼女らの価値観や生活ぶりをきちんと理解していたからだと思います。ですから、そこから出た「彼ら彼女らは今までの若者とはまるで違う志向性を持っている」という結論にだけは自信がありました。

「伝え方」ではなく、その「内容の発見」にこそ価値があったのであって、その結果として、「マイルドヤンキー」というコピーがそれに乗って広がってくれただけの話です。

インサイトを探し出すのは本当に大変です。マーケティングの世界では、うわべの表現だけにこだわったキャッチコピーのように、軽々しく「インサイト」という言葉を使う人も中にはいるのですが、本当に人々や世の中を動かすインサイトが毎年どれだけ導き出されているかというと、非常に数少ないことだけは確かだと思います。

売れる商品には「実は……」が不可欠

インサイトの概念をもう少し理解するために、定義からは一度離れて、インサイトの性質そのものに目を向けてみましょう。ひとついえるのは、**インサイトは「人に伝えたくなる」もの**だということです。

たとえば、若者の間でエナジードリンクの「レッドブル」が流行した理由として、私は以下のような内容のことを各所でしゃべりました。

「SNSムラ社会で生きている彼らが忙しい自慢・徹夜自慢したいとき、ツイッターにテキストでそのことをそのまま書くとウザがられるので、その代替手段としてレッドブルの写真を「レッドブルなう」という言葉とともにインスタグラムに投稿する方法が使われるようになった。これなら間接的な自慢をする手法として嫌味が薄れ、『いいね！』も押されやすい」

レッドブルという商品がズバッとついている若者のインサイトを説明しているわけですが、これを聞くと「なるほど」と腹落ちする人も多いのではないでしょうか。そして、多くの人がこのことを誰かに伝えたくなると思います。「レッドブルが若い人に人気な理由を知ってる？　それって、実は……」と。

大切なのはここです。**インサイトをついている商品は皆、魅力的な「実は……」を持っていることが多いのです。**豆知識、ウンチクといってもよいでしょう。そして魅力的な豆知識には伝達力があります。伝達力があるということは、広告費を払うことなく、消費者が自発的に宣伝してくれるということでもあります。こうして伝達されていく商品は、当然売れる確率が高くなります。

インサイトとは「消費者の潜在ニーズ」だと先に述べましたが、その潜在ニーズが顕在化された瞬間、人はそれを、まだそれに気づいていない他の人に伝えたくなるのです。

わかりやすい豆知識、魅力的なウンチクは、ＳＮＳなどでもシェア数を稼ぎます。人は誰もが、自分の言葉に耳を傾けてもらいたい。その際にもっとも手っ取り早いのが、人のモヤモヤをすっきりさせる豆知識・ウンチク、すなわち「実は……」なのです。

お笑い芸人はインサイト探しのプロ

私はお笑いコンビ・ウーマンラッシュアワーの村本大輔さんと、テレビ番組を通じて知り合ったご縁で普段から親しくさせてもらっています。そんな村本さんをいろいろな場所で見ていると、つくづくお笑い芸人さんというのは、インサイトをつくプロフェッショナルだなと痛感します。

人を笑わせるのは、人にお金を使わせるのと同様高度な技術です。そのためには、観客や視聴者のインサイトが何であるかを壇上やスタジオで瞬時に察知し、リアルタイムに言葉やパフォーマンスに落として、素早くお客さんの心のツボを「つく」必要があります。

つまり言いかえれば、**お笑い芸人とは、観ているお客さんに「そう、それ！」と思わせ続けなければいけない仕事**なのです。漫才であれば、「そう、それ！」が多く含まれるネタを作れるかどうかで決まる、ということなのだと思います。

卓越したお笑い芸人さんは敏感に、これを言ったら共演者の誰それのインサイトをこうつく、観客のインサイトをこうつく、すると場の空気はこうなる……などと高度な先読みをして、発言しています。プロのマーケター顔負けの超高感度センサー、いわば「インサイト発見器」を体の中に持っているのです。

芸人さんによっては、舞台に登場してさっと客席を一瞥し、客の年齢やつかみネタの反応によって、準備していたネタをその場で変えたりもします。第1章の結びで書いた、「年齢や属性によって、何に対して『そう、それ！』と叫ぶのかが異なる」を、体感として理解しているからです。


村本さんも、一緒にいると、本当にいろいろなことに気づきます。「原田さん、腕の変なところから毛が生えていますね」「原田さん、あの人のこと嫌いでしょ？」「原田さんってこういう口癖ありますよね」などなど、「女性的」とも「繊細・神経質」ともいえるかもしれませんが、とにかく、ちょっとした私の表情など、本当にわずかな変化や違和感に気がつくのです。

２０００年代半ばには『鈍感力』という本がベストセラーになり、小泉純一郎元首相もこれを取り上げるなど、鈍感でたくましいことが称賛された時代もありましたが、時代的に大きな変化がまだあった当時とは違い、微細な変化がたくさん起こるようになっている今の成熟した時代は、むしろ「超敏感力」こそが大切であり（お笑いの領域のみならず）、それこそが「インサイト」を得るための近道になっているように感じます。

そもそも、お笑い芸のひとつのジャンルに「あるあるネタ」というものもあります。「街によくいる、変なおじさんの言動」「こういうこと言ってくる人、いるよね」「この気まずい状況、わかる～」など。多くの人が目にしている日常の光景から、よくよく考えたら滑稽なものをピックアップし、誇張して演じたり語ったりするものです。

「人物あるある」の有名どころとしては、女性芸人の友近さんや横澤夏子さん、中川家などがよく知られています。『とんねるずのみなさんのおかげでした』の人気企画「細かすぎて伝わらないモノマネ選手権」も、著名人のちょっとした仕草や言動をかなりマニアックに形態模写するという意味で、「人物あるある」の一形態といえるでしょう。

こういったネタを見た観客が感じる「あるある」は、「そう、それ！」の「インサイト」にかなり近いものです。日頃見かけたり体験したりしていて、別段気に留めてはいなかったけど、改めて輪郭をつけられると、ものすごく面白いということに気づかされる。お笑い芸人さんたちは、観客の「そう、それ！　言われてみれば確かにそうだ！　面白い！」という潜在的な共感を引っ張り出し、笑いに変えているのです。前述のウーマン村本さんも、あるあるネタのジャンルに限らず、お笑いとは究極的にはあるある話に尽きる、と教えてくれました。ただ、重要なのは既に顕在化しているあるあるネタはもはやあるあるネタとはいえず、誰も笑いません。言われてみればそう、それと思う、まだ顕在化していないあるあるネタこそ、お笑いの本質のようです。

日本のインサイトが世界を動かす

皆さんはハイコンテクストとローコンテクストという言葉をご存じでしょうか？　コンテクストとは文脈という意味で、「ハイコンテクスト／ローコンテクスト」イコール「文脈依存度が高い／低い」などと訳されます。何かについて話す際に、その話題における教養、最近の流行を知っていないと成り立たないのがハイコンテクストなコミュニケーションで、そういった予備知識不要で成り立つのがローコンテクストなコミュニケーション、というわけです。

日本は世界でも類を見ない「ハイコンテクスト社会」といわれます。

その理由としては、日本が（いくつかの異論はあることは承知のうえですが）、事実上のほぼ単一民族国家であることが挙げられるでしょう。ここでいうところの単一民族国家とは、厳密に人種的なものというよりは、国内のどの地域に行っても社会慣習や文化的志向が、ほぼ共通しているという意味です。そのため、「その文化背景の中で育ってきた日本人にしか理解できないコンテクストが独自進化（深化）を遂げている」のです。

このことは、多民族国家であるアメリカと比較すると理解しやすいかもしれません。国民の多くが移民にルーツをたどるアメリカでは、アフリカ系にはアフリカ系の、イタリア系にはイタリア系の、中国系やスペイン系にもそれぞれの文化や習俗が存在し、コミュニティを形成しているため、同じ国民でも嗜好性はバラバラです。

こと消費の分野では、個人の嗜好性が人種によって異なるため、全人種一様に「そう、それ！」と言わせることは難しい。つまり、多民族国家においては、国民全体に共通するコンテクストは、最大公約数的にならざるをえません。

これが端的に現れているのが、「お笑い」です。日本のお笑いは、共通の文化的体験にもとづく「そう、それ！」「あるある」が高度化・細分化しており、深く理解できれば面白いですが、他の文化背景で育った人にとっては理解しがたいものが多いでしょう。先ほどご紹介した「細かすぎて伝わらないモノマネ選手権」など、その極みです。こうした芸は、ハイコンテクスト、つまり文脈依存度が高いのです。

一方、たとえばアメリカのお笑いはもう少しオープンで、もう少し普遍的。直感的で身体的な動きの面白さや、わかりやすいエンタテインメント性が重要視されます。

世界で受けている日本人の芸を思い出してみてください。COWCOWの「あたりまえ体操」、渡辺直美のビヨンセの「口パクダンス」、ピコ太郎の「ペンパイナッポーアッポーペン（PPAP）」。言語の壁という以前に、どれも「文脈依存しなくても笑える」ものばかりです。日本では単純すぎて、コアなお笑いファンからは、ともすると「？？？」と思われやすいネタや芸風が、海外では人気を集めているのです。

ここまでお話ししてきたことを馴染みのある言い方にすると、少々ネガティブなイメージを帯びる「ガラパゴス」となります。

なぜ日本のガラケーは世界規格になりえなかったのか、なぜ国内メーカーの高機能な情報家電は世界市場で苦戦しているのか――「ガラパゴス」の説明をするときに必ず登場する話ですね。その説明には、たいていこう書いてあります。「日本人だけが使い勝手のいいように、独自進化してしまったから」。陸から遠く離れた島で独自の生物進化を遂げたガラパゴス諸島になぞらえているわけです。


しかし、この状況を必ずしも悲観することはありません。ハイコンテクスト社会の中で暮らし、働いていると、他人がどう思っているのかを推し量る力が発達します。身近な例でいえば、相手がどの程度の本気度でそう言っているのか、上司が今朝私に言った言葉の裏には何か深い意味が込められているのか――そういったことを常に推察しながら人とコミュニケーションしていくようになるのです。

言いかえれば、**日本人は相手の気持ちを洞察する力が、他国の人より備わっている**ということです。難易度の高いインサイトを発見し、それを商品に落としてヒットさせることができる国なのです。ただ、それを海外に対してアレンジ、チューニングできていないだけ。商売に結びつけるのが下手なだけです。

ハイコンテクスト社会で培われた、他者のインサイトを推し量る洞察力――それは、日本の企業が海外進出していくにあたって、もっと活用できる武器のはずです。

私は、よく言われる日本人の特殊性は決して劣位ではないと思っています。むしろ、いまだ発揮されざる大きなポテンシャルを秘めているという確信さえ持っています。

この図抜けた洞察力を国内でしか発揮できなければ、たしかに悲しき「ガラパゴス」です。でも、もし他の国でもその国の国民のインサイトを発見することができれば、海外でもヒット商品を開発できるのではないでしょうか。

マンダムの整髪料が東南アジアで成功した理由

では、日本人がその高い洞察力によって海外のインサイトをつかんだ、すでにかなり有名な例を紹介しましょう。これは大きく2つのパターンに分けられます。

ひとつは、日本人が海外に進出し、現地向けの商品を作ってインサイトを見事につかむパターン。もうひとつは、もともと日本人向けに作っていた商品が、現地のインサイトも結果的につかむというパターンです。

「現地向けの商品を作ってインサイトをつかんだ」好例が、大阪に本社を置く化粧品メーカーのマンダムです。マンダムが東南アジアのインドネシアで大成功しているのをご存じでしょうか。

同社がインドネシアで「発見」したのは、日本に比べて貧しかった同国では、普通の人が整髪料を大容量のボトル単位ではなかなか買えない——そうした経済的な社会事情でした。

そこで同社は、日本にはない男性整髪料の「小分けパック」を発売したのです。これは安くて買いやすく、大ヒットしました。

インドネシアはスーパーやコンビニよりも、ワルン（warung）と呼ばれるパパママショップ、昔の日本でいうところの町内のタバコ屋や商店街の電気屋のような店舗が多いという背景もヒットに寄与しています。小分けパックは何枚かが綴られているので、それを店内に吊るしておけば、求める客が来店したら、都度ちぎって一つ一つ売ればよい。省スペースで在庫補充の手間も最小限でいいというわけです。

インサイトには、実は2つのレイヤーがあります。ひとつは「社会インサイト」と呼ぶべきもの。その国の就業状況や経済格差、男女のメンタリティや国民性、貧困などの社会問題といったものに根ざしたインサイトです。

「社会インサイト」の上に乗っているのが、「商品インサイト」。こういう機能をもった商品があったらいいな、この商品のここを変えてくれたらもっと買うのにな、といったものです。

マンダムの例でいうと、インドネシアは「普段はそれほどお金のない労働者男性も、給料日後やデート前には奮発してオシャレして、女性の前でカッコつけたい」という男性の国民性に根ざしたインサイトをついたということです。

日本国内だけで商売するなら、「社会インサイト」は日本人には自明なのであまり意識しなくてもよいケースもありますが、社会背景が異なる海外に進出する際には、必ず考察しなければなりません。

絵文字や「片づけの魔法」は欧米人のインサイトをつく

もともと日本国内向けに作っていた商品やサービスが海外のインサイトをつかんだ例もたくさんあります。

たとえば、軽自動車を主力とするスズキは、インドでのシェアを4割も持っています。理由は、インドには小道が多くて軽自動車がフィットするという点がひとつ。そして、貧しい庶民でもクルマを持つメリットを享受できるよう、とことん燃費を追求した点がもうひとつ。この2つが同国のインサイトをつきました。

日本発祥の「絵文字」は欧米でも受けています。絵文字は日本人特有の気配り体質にピッタリの表現方法。直接的に文字で書くと強すぎるような感情表現を、ハートや顔文字でソフトに匂わせる機能が若者に受け、一気に浸透したのです。

裏返せば、常に人の顔色をうかがう国民気質もあるのでしょうが、欧米ではおそらく違ったニーズです。欧米では異なる人種・文化背景の人とコミュニケーションをする際、共通の文脈や言語が存在しないため、「絵」という原始的・直感的・最大公約数的なコミュニケーション手段は都合が良かったのでしょう。「そう、それ！　一文字で楽に感情を伝えられる、そういうのが欲しかったんだ！」です。

片づけコンサルタントの近藤麻理恵さんが書いた『人生がときめく片づけの魔法』がアメリカでベストセラーになったのは、アメリカ人の都市生活者のライフスタイルが日本人に近づいたため、結果的にアメリカ人のインサイトをつくることになったケースです。

この本の主張は、いわゆる「断捨離(だんしゃり)」的な思想に基づき、不要なものを捨ててシンプルに生きるということ。元来、家が狭くてウサギ小屋状態の日本にフィットする考え方でした。家もクルマもなんでもデカいアメリカでは、一見してハマらない思想のように思えます。

ところが、近年のアメリカではニューヨークなどの大都市部に世界中から人口が集中しすぎてしまい、家がどんどん狭くなっているのです。日本の都市部に多い、いわゆる狭小住宅も増えつつあるほか、都市型の消費生活に嫌気が差した人が、トレーラーハウスでミニマムな暮らしをはじめるという気運も見られます。

そういった中で、「ものを大切にしながら、最小限で暮らす」という思想が、見事にアメリカ人都市生活者のインサイトをつきました。自分たちが心のどこかで求めていたけれど具現化できていなかったライフスタイルが、東洋の小国にあるのだと。アメリカの都市部が日本の都市部のように変化してきた結果、日本のインサイトにアメリカのインサイトが近づいた、ということなのかもしれません。


逆に、海外の商品がその国以上に日本人のインサイトをついてヒットした例が、煙の出ない加熱式電子タバコです。今や加熱式電子タバコは日本のタバコ市場の12％を占めるようになったというのですから、これは大ヒットといっていいでしょう。

もともと加熱式電子タバコは、アメリカの企業が開発した商品ですが、本国やヨーロッパよりも日本でバカ売れしています。「人に迷惑をかけてはいけない」という意識が神経症的に高い日本にうってつけだったわけです。

たしかに欧米でも禁煙の風潮は少しは強くなってきていますが、それはあくまで建物内のこと。路上では普通に吸っています。ところが昨今の日本、とくに東京では路上喫煙もかなり厳しく取り締まられ、特に禁止の場所でなくても嫌悪感を示されることが少なくありません。

このタバコに対する厳しすぎる状況と、あまりにも繊細すぎる日本人の感性を、加熱式電子タバコはうまくつきました。

日本人のインサイト発見力は世界最強!?

映画『君の名は。』が中国や韓国といった東アジアでもヒットしたのは興味深いことです。本作がこれらの国の若者に受け入れられたのは、中国や韓国の若者のメンタリティや社会情勢が日本の若者のそれに「近づいてきている」「似てきている」からでしょう。

かつて中国や韓国で流行する日本の若者文化――ファッションやポップカルチャー――は、日本と「時差」がありました。日本で流行してから数年経った後に、現地に「上陸」したのです。

ところが、若者の恋愛離れや結婚願望の低さ、雇用不安、草食系男子の増加といった若年層の意識や実態は、この東アジア3国で共通する社会問題になりました。日本でよくいわれる「SNSに映えるものが流行る」という傾向も、3国ともに同じ（世界中の若者にも共通)。若者気質が3国で似通ってきたのです。最近では、韓国のアーティストやファッション、コスメなども東アジア、東南アジアで大ブームになっていることも、アジア全域の若者たちが近くなってきていることを示していると思います。

つまり、以前なら日本産コンテンツが東アジアで流行る理由は「日本文化への憧れ」に端を発していましたが、現在は完全に「共感」に変わりました。同じものを見て、同じように、同じ理由で「良い」と感じる。感性の時差がほとんどなくなっているのです。だからこそ、日本で大ヒットした『君の名は。』は中国や韓国でも同じインサイトをついてヒットしました。

東南アジアの諸地域では、若者の流行に関してまだ日本と時差がありますが、こと中国や韓国、台湾の大都市部に関していえば、若者たちの感覚はかなり酷似してきているといってよいでしょう。**国を超えて共通するインサイトが、少なくとも東アジアの若者の間では、存在する時代になった**ということです。

日本は職人の国、もともと技術ファーストの国なので、「こんな技術が開発された、じゃあこんな商品を作ろう、さて、誰が買ってくれるかな……」という発想が根強い。つまり、「消費者ファースト」ではなく「消費者ラスト」のケースが多い傾向がある国です。

これは、とりあえずモノを作ってしまい、あとで広告会社などを入れて売る相手や売り方を考えるということ。マーケティング用語では「プロダクトイン」といいますが、本来であれば消費者のニーズをもとに商品を設計すべきところを、商品を作ってしまってから買ってくれる客を探す、という傾向が強く見られます。

それがうまく回っていた時期もありました。商品スペックや品質の高さ自体が国際競争力の高さにつながっていた時代です。

でも、時代は変わります。もっとも多機能のもの、もっとも早いもの、もっとも容量の大きいものが必ずしも売れるわけではありません。クルマ、コンピュータ、家電……なんでもそうです。

日本人の技術力は間違いなく図抜けていて、商品自体の完成度も高い。これは疑いようのない事実です。ですから、もうちょっと貪欲に、消費者の（特にこれからは海外の）「そう、それ！」を探り、思考し、それを商売に結びつけることに腐心していけば、日本は最強の国になるでしょう。

日本人の洞察力、すなわちインサイト発見力は世界最強なのですから。

第3章

クリエイティブ・ブリーフを作ってみよう

前章では、ヒット商品や優れたビジネスコミュニケーションには必ず、相手から「そう、それ！」という言葉を引き出す、インサイト＝相手の気持ち（潜在ニーズ）を洞察する力が存在しているという話をしました。それでは、具体的にどのようにすればインサイトを駆使してモノを売ることができるのでしょうか。

ここでは、広告業界でよく用いられるフレームワークをご紹介します。広告やマーケティングの世界だけにとどめるにはもったいない、幅広く他の業界の仕事やコミュニケーションに応用できるフレームなので、広告以外の業界の方にもぜひお読みいただきたい内容です。

……と、前置きはこのくらいにして、話を進めていきましょう。

クリエイティブ・ブリーフとは何か

私が所属している広告会社の世界では、宣伝計画を立案する初期の段階で「**クリエイティブ・ブリーフ（広告設計の仕様書）**」というものが作られることがあります。

広告会社では、ある商品を売りたい企業からの依頼に応じて、広告を制作します。広告物はＴＶのＣＭだったり、最近ではネット動画広告だったり、新聞・雑誌広告だったり、電車内の吊り広告だったりとさまざまですが、どんな媒体であれ、どんな人に、どんなイメージで商品を売りたいのかは一貫していることが望ましいのです。これが一貫していないと、商品の人格がばらばらになり、一体誰に向けたどんな商品なのかが分からなくなってしまうケースが出てきてしまうのです。

もし、ＣＭで「若者向けで斬新な商品」を謳っておきながら、新聞広告で「中高年向けで保守的な商品」のイメージを打ち出してしまうと、売り込みたい商品のセールスポイントがぶれてしまい、ベストな広告効果をあげられなくなるケースも出てきてしまう可能性があるのです。

そこで私たちは、広告を作る最初期の段階でクリエイティブ・ブリーフを制作します。家にたとえるなら、柱や壁や階段の位置を記した設計図のようなものだと想像してください。どんな商品の広告を作る際にも、クリエイティブ・ブリーフはあったほうが望ましく、そして、このクリエイティブ・ブリーフの中核を担っているのが、インサイトというわけです。

クリエイティブ・ブリーフを構成する要素は大きく5つ。細かくはのちほど説明しますが、まずは全体像を把握してください（次ページ図1参照）。

前の章でお話ししたインサイトが3つめの構成要素に入っています。広告が想定している顧客のインサイト、**「ターゲット・インサイト」**のことです。

広告を制作したり、プロモーションプランを立案したりするにあたって、すべての基本方針がこの1枚にまとまっています。このシートに企画意図がまとめられないものはうまくいかない、といわれています。なぜならば、このシートは、前述したとおり、家でいえば設計図なわけですから。いい家であれば、必ずいい設計図があるのと同じことです。

方針に迷ったら、必ずこの1枚の紙に立ち返り、ずれていないかを確認するわけです。逆にいえば、クリエイティブ・ブリーフに書いてあることから外れた広告は、設計図なき家、進路なき航海と同じだということです。

クリエイティブ・ブリーフは「憲法」である

先ほど、クリエイティブ・ブリーフを家の設計図と同じと表現しましたが、もっと壮大

図1　クリエイティブ・ブリーフを構成するもの

①その広告で果たすべき役割
②ターゲット（誰に向けた広告か）
③ターゲット・インサイト（消費者が「そう、それ！」と思うこと）
④プロポジション（伝える内容、主張）
⑤トーン・オブ・ボイス（どのように伝えるのか）

にたとえるのであれば、法治国家でいうところの「憲法」のようなものということができるかもしれません。すべての法律、条例は憲法を土台として作っていきます。憲法に反して法律や条例を作ることは許されません。日本の憲法のように拡大解釈（笑）することも基本的には許されません。

憲法であるクリエイティブ・ブリーフは、簡潔にまとめられている必要があります。具体的には、紙1枚にまとまっているのが望ましい。なぜなら、エッセンスがシンプルに凝縮されているほど（＝収束度が高いほど）、クリエイティブ（広告でいえばコピー、ビジュアルなどの広告表現）の起点は1カ所になり、そこから基本方針をぶらさずに開発を進める（拡散させる）ことができるからです（図2）。これを**収束発散モデル**といいます。

もしここでクリエイティブ・ブリーフが絞り込みきれていないと、「クリエイティブの起点」は1カ所になりません（図3）。その結果として、広告表現は一貫性のないものとなり、文字どおり広告の焦点がボケてしまいます。言いたいことの多すぎるスピーチが、ちっとも心に残らないのと同じです。

日本に存在するあまたの法律の最上位にあり基本原則となっている日本国憲法も、たった103条、単語数にして5000弱しかありません。これは他国の憲法の平均的な単語

図2　収束発散モデル（良い例）

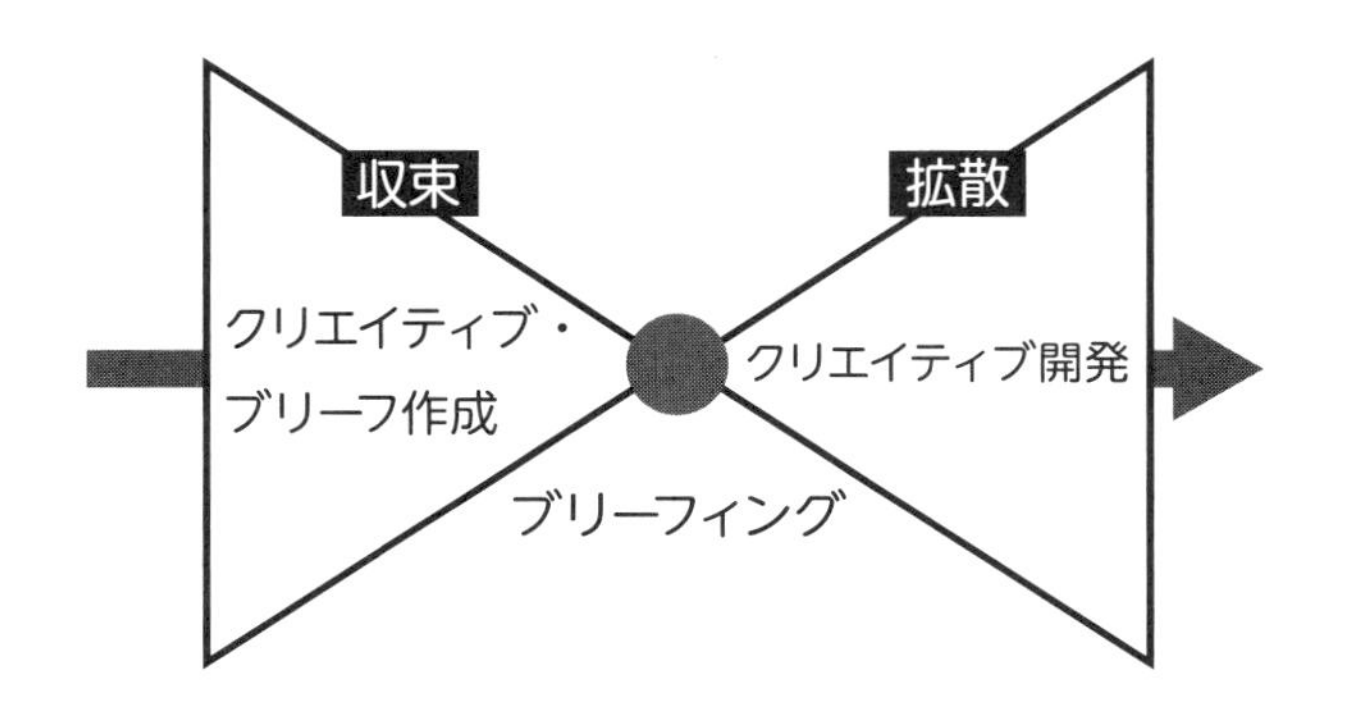

数に比べてかなり少ないそうですが、もしかするとこの簡潔さが、戦後長期にわたって改正されないで続いてきた理由のひとつかもしれません（ここまで長期間改正されない憲法も、世界的には珍しいとのこと）。

クリエイティブ・ブリーフも日本国憲法のような「絞り込まれた基本原理」「エッセンスの中のエッセンス」を目指すべきでしょう。クリエイターは広告表現に迷ったら、必ずクリエイティブ・ブリーフに戻るのが原則です。クリエイティブ・ブリーフに従って作っていれば、広告は首尾一貫してぶれることはありませんが、方針はぶれることだけはありません（表現がつまらなくなることはありますが、方針はぶれません。なお、表現がつまらないのはクリエイティブ・ブリーフのせいではありません）。「キャッチコピー自体はおもしろいけど、商品の特性が全然表現されていないよね」という悲劇は、クリエイティブ・ブリーフにきちんと従うことによって避けられます。

くり返しになりますが、クリエイティブ・ブリーフは現状では広告業界で使われるフォーマットのことですが、読者の方それぞれの業界でいかようにも応用・転用することができます。自社で売りたい商品やサービス、社会のなかで果たしたい役割、顧客に抱かれた

図３　収束発散モデル（悪い例）

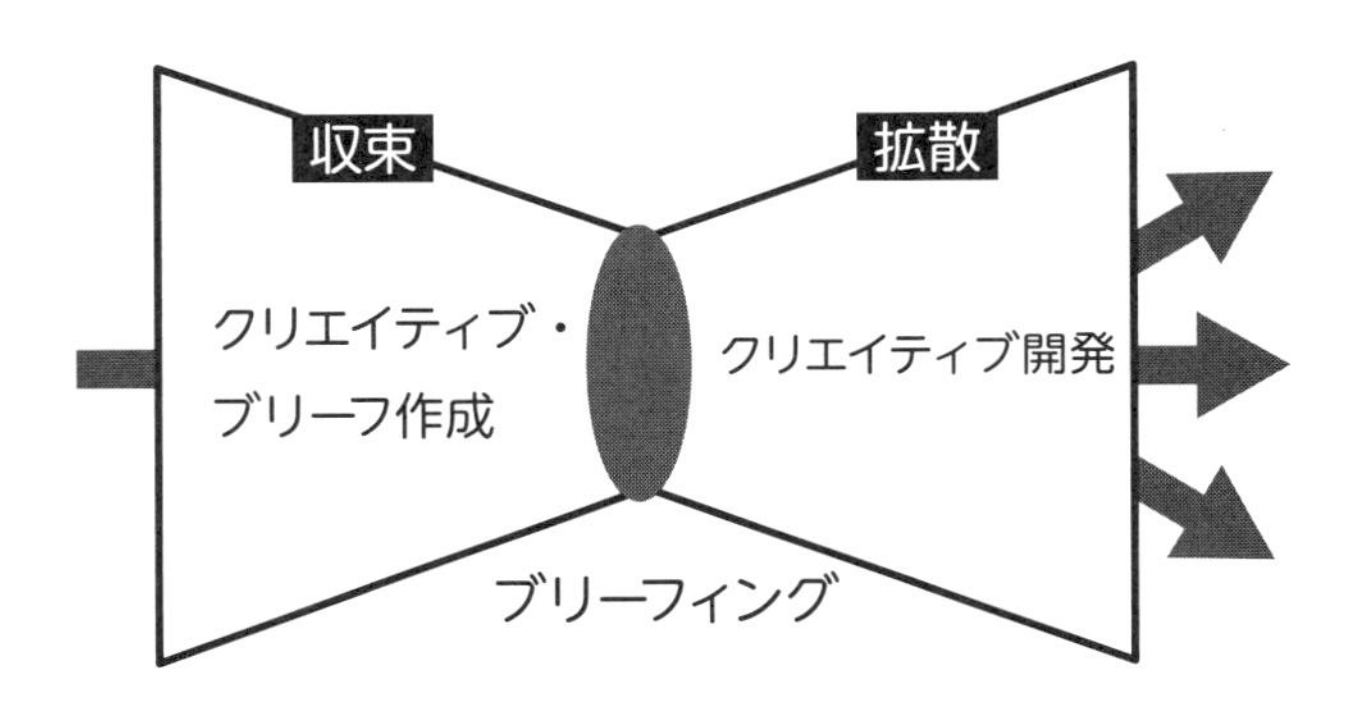

いイメージなどを設定し、クリエイティブ・ブリーフのフォーマットに埋めていくことで、よりいっそうあなたや企業の商品やサービスのミッションが明示化されるでしょう。クリエイティブ・ブリーフを作る目的はそこにあります。

クリエイティブ・ブリーフの実例――牛乳のCM

クリエイティブ・ブリーフがどんなものか、まだ具体的にイメージが湧かない方もいるでしょう。そんな方のために、実例をお見せしましょう。ここでは実在の有名なクリエイティブ（広告表現）を題材に、私がそのクリエイティブ・ブリーフをさかのぼって勝手に作ってみたものをご紹介しましょう。

まずクリエイティブ・ブリーフを作り、それを基に広告表現が作られる、というのが通常の広告制作のプロセスですが、今回はあえて逆の作業をしてみます。実際のテレビCMを見て、おそらくこの広告は、こうしたクリエイティブ・ブリーフから作られているであろうと想像し、クリエイティブ・ブリーフを作ってみるという作業です。

なお、この作業は広告業界では**「デコン」**（デコンストラクション。「脱構築」の意味）

と呼ばれ、競合他社などの戦略を読みといたり、クリエイティブ・ブリーフを迅速に作れるようになるための訓練として研修などでよく行われる作業ですので、本書をお読みの皆さんもぜひ、世にある広告をたくさん見て、ご自分でこのデコン作業をしてみてください。インサイト発見能力のみならず、マーケティング能力が全体的に鍛えられるはずです。

例に挙げるのは、アメリカの「カリフォルニア牛乳諮問委員会」という団体が作った牛乳のＣＭ「got milk?（ミルクある？）」です。

【ＣＭの内容】男性がパンを食べながらラジオを聴いていると、ラジオのパーソナリティがリスナーに向けたクイズを出し、その男性にそのラジオ番組からクイズの回答を求める電話がかかってくる。男性はその問題の答えがわかるが、パンが口に入っているのでモゴモゴしてしまい、電話口で回答しても、何を言っているのかパーソナリティに伝わらない。牛乳を飲んでパンを流し込もうとするが、牛乳が家に切れていたために結局答えられなくて、タイムアウト。せっかくのチャンスをふいにしてしまう。

このCMを見て、以下のようにクリエイティブ・ブリーフを埋めてみました。

①その広告で果たすべき役割

「もともと牛乳を飲んでいる人の購入頻度を上げること」

←アメリカで若者が牛乳を飲まなくなってきているという背景があり、それをなんとかしたいという狙いがきっとあるのでしょう。

②ターゲット（誰に向けた広告か）

「牛乳を日頃から飲んでいる人」

←牛乳を飲んでいない人に飲ませるためのCMではなく、飲んでいる人の頻度を上げるのが目的だと思われます。「牛乳はおいしいから飲んだほうがいい」ではなく、「牛乳がないとやっぱり困るよね？」という、飲んでいる人の過去の経験を思い出させることがポイント。

③ターゲット・インサイト（消費者が「そう、それ！」と思うこと）

「アメリカ人が牛乳を一番飲みたいと思うときは、パンのようなパサパサしたものを食べているとき」

←これはパン食がメインのアメリカ人だからこそのインサイト。第2章で説明したところの「社会インサイト」です。おそらく事前の調査で、調査対象者に一定期間牛乳を飲むのを禁止し、その際に出てきた所感を基に発想されているはずです。なお、このタイプの調査を、「飢餓調査」と呼びます（第4章で解説します）。

④プロポジション（伝える内容、主張）

「牛乳のありがたみは、欲しいのに手に入らないその瞬間に、一番強く感じる」

←インサイトというエッセンスを了解したうえで、どう言えばそれがターゲットに刺さるかというもの。それが「プロポジション」です。

⑤トーン・オブ・ボイス（どのように伝えるのか）

「まじめ、かつユーモアがある」

↑どんなトーンで伝えるべきか？　というのがトーン・オブ・ボイスです。最初からユーモア一色でいくのではなく、まじめなタッチで始まって途中からコミカルに転調するほうが視聴者によく伝わる、という判断があったものと思われます。

くり返しになりますが、皆さんも世にあるCMを見て、そのCMのクリエイティブ・ブリーフを作ってみてください。

インサイトとは、まだ気づかれていない需要

ここであらためて、広告業界におけるインサイトの概念について、もう少し深掘りしてみましょう。広告業界におけるインサイトをひとことで言うなら、**「ブランドと生活者との関係に関する新しい見方」**です。

たとえば、現在、男子大学生の多くは当たり前のように化粧水を使っていますが（ある化粧品メーカーの調査では、現在の20代男子の80％以上が化粧水を使っている、というデ

図４　インサイトとは

インサイトとは？

ブランド（商品）と生活者（既存の、あるいは、今後ねらうべき）との関係に関する新しい見方

唯一ではない！

新しい見方（視点）！

関連性（ここを探せ！）

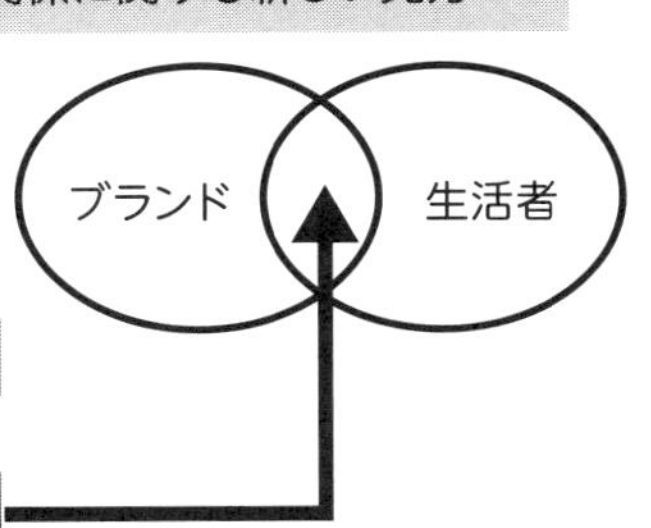

ータがあります）、かつては「まさか男が化粧水を使いたいと思うなんて」という見方が大勢を占めていました。そういう時代における、「ブランド（化粧水）と生活者（男子大学生）との関係に関する新しい見方（男子大学生だって肌をケアしたい）」は、紛れもなく新しいインサイトの発見でした。

第2章ではインサイトを、「潜在ニーズ」や「未充足のニーズ」などと説明してきましたが、この「まだ気づかれていない需要」を探り当てる調査が、インサイト発見のための調査ということになります。ベン図で見るとわかりやすいでしょう。探し当てるべきはこの「重なり」の部分です（図4）。

「まだ気づかれていない需要」は、本人すら気づいていないものを意味します。

たとえば、「地味でガリ勉で内向的な男性」がいるとしましょう。彼自身も周囲の友人も、「理想の異性は清楚でおとなしい女性」という見解であるにもかかわらず、実は意外と、こういう男性が「セクシーで奔放なお姉さん」とお近づきになりたい――と、潜在的には思っていたりします。

ただ、そうしたセクシーなお姉さんと実生活で接点がなかったりして、本人すらその好みに気づいていません。それをさまざまな調査によって、あ、俺、セクシーなお姉さんが好きだったんだ、と潜在的な欲望に気づかせていく――それが「インサイト」の発見です。

『笑ゥせぇるすまん』は顧客のインサイトをつくプロフェッショナル

藤子不二雄Ⓐの『笑ゥせぇるすまん』というマンガ作品をご存じでしょうか。喪黒福造（もぐろふくぞう）という不思議なセールスマンが、鬱屈した現代人の潜在的な願望を叶えていく、ブラックユーモアたっぷりの物語です。

喪黒は顧客となる人間が「口には出せないし自分でも気づいていないが、本当はこうしたい」と思っている心の闇、反社会的な欲望などを次々と言い当てて、叶えていきます。喪黒は顧客のインサイトをつくプロフェッショナルといえるでしょう。

ただし、登場する喪黒の顧客は例外なく不幸になります。これは、真似してはいけないことですね（笑）。

「自分ごと化」させる視点こそインサイトである

今まで気づかなかった嗜好にハッと気づかせる（インサイトを見出す）ことで、商品との強い結びつきを新しく発見する、いわば「消費者との新しい架け橋を作る」のが、インサイトの効果です（図5）。これが実現できれば、ターゲット（消費者）は消費へと動きます。

どんなにユニークな表現やコピーが載っている広告でも、見た人に「自分とは無関係」と思われたらアウト。その広告は消費者に絶対に刺さりません。そういう意味では、**相手に「自分ごと化」させる視座を与えるのが、インサイトの力といえます。**

一例を挙げます。「環境にやさしい」というキャッチコピーはよく聞きますし、「環境にやさしく」あることに異論のある人はあまりいないでしょう。

しかし、全地球的視点で環境問題を「自分ごと化」できる人は、そう多くはありません。多くの人は環境に優しい商品よりも、日々1円でも安い商品を買い求めます。家計をあ

図5

①まだ気づかれていない、
その商品との強い結びつきを新しく発見する

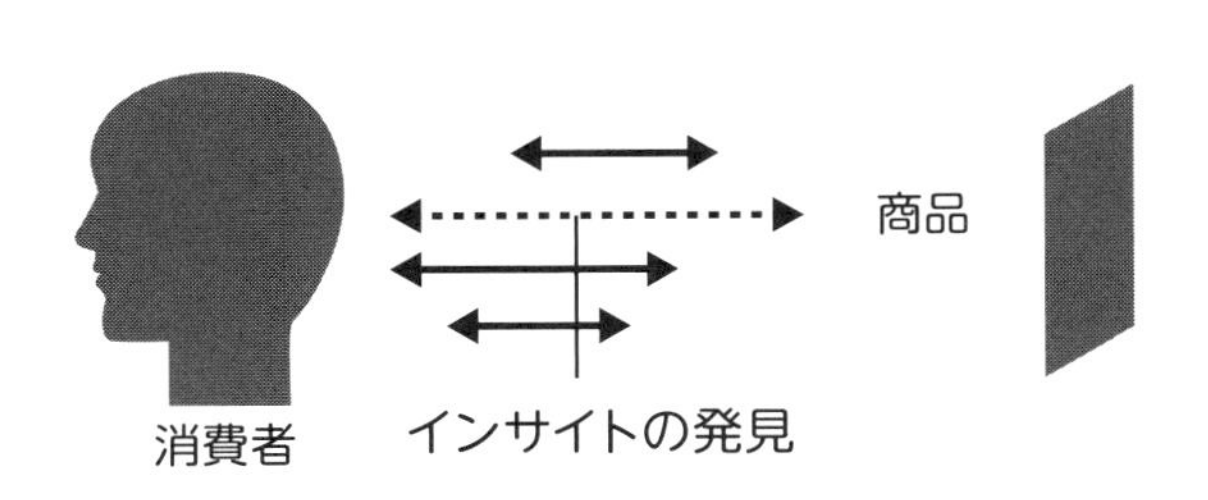

②それをターゲットに気づかせることで
商品との新しい架け橋を作る

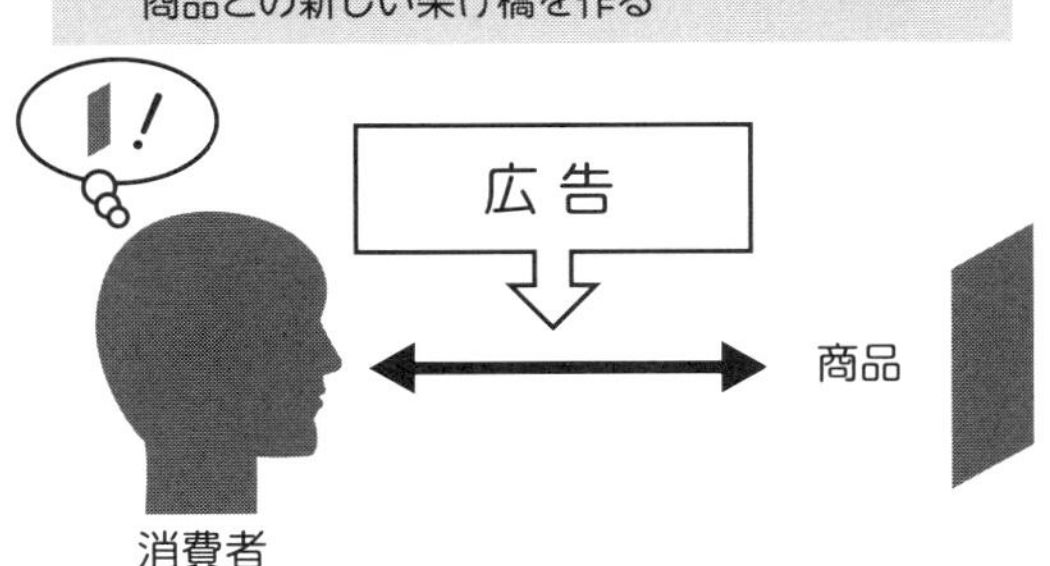

ずかる主婦からすれば、単なるイメージとして「環境にやさしい」と謳う商品よりは、目に見えて「財布にやさしい」商品に手が伸びるでしょう。

たとえば、「冷房の設定温度を上げれば使用電力が減るから、地球温暖化を止められる」というより、「設定温度を△℃上げると、年間の電気代が○円節約される」、あるいは「自然素材だから環境負荷が低い」というよりも、「自然素材だから肌荒れしにくい」――そう言われたら、「自分ごと化」されます。

その際のインサイトは、「電気料金を節約したい」「手肌が荒れるのをなんとかしたい」になります。もちろん、加えて地球環境に良いとなおさら良いと誰もが思いますが、一番のポイントがそこではない、という意味です。

自分ごと化は消費者を動かします。買わせます。行動させます。広告の役割は「自分ごと化」を促せるかどうかに集約されているといってよいのかもしれません。いや、広告に限らず、すべての商品・サービスに自分ごと化は必要です。書籍だってドラマだって電化製品だって、自分と関係あると思わなければ人は買うはずもありませんし、以前に比べて日本人に金銭的・精神的余裕が減っているので、関係ないものはより買わなくなってきていると思います。「自分ごと化」は**人を動かそうとする際に確実に押さえておかなければならないポイント**で、そのために最も大切なのがインサイトなのです。

インサイトは「氷山の海面下部分」

インサイトを説明するときの比喩によく用いられるのが、海に浮かんでいる氷山です（図6）。

「FACT（事実）」とは製品やカテゴリーに対する事実です。性能、形状、歴史、開発思想、評判、実績、普及度合いなど。先ほどの牛乳のCMでいうなら、「牛乳はカルシウムが豊富で健康に良い。子どものための飲み物」といった、いわばウィキペディアにでも書いてあるような、歴然とした事実です。これをそのままセールスポイントにしても、当たり前のことでしかないので、消費者には刺さりません。「ふーん、そうなんだ」、あるいは「知ってるよ」でおしまいです。

「PERCEPTION（認識）」とは、調査によって判明するデータです。どんなシチュエーションで牛乳を飲むのか、どんなブランドの牛乳を飲むのか、週にどれくらいの量を飲むのか。これはある種の生データなので、「FACT」ほど顕在化はしていませんが、「そう、それ！」ほどの驚きはなく、場合によっては既に知っているものも多くあります。これらは海上に明示的に見えている一部分。「氷山の一角」です。

この下に大きな（重要な）「INSIGHT」が隠れています。まだ気づかれていない気持ち、消費者の深層心理に隠れているもの。ここは「FACT」や「PERCEPTION」を基に、マーケターたちが深く洞察することで見い出されます。先ほどの「アメリカ人にとって牛乳を一番飲みたいのは、パサパサしたものを食べているときである」や、「地味でガリ勉で内向的な男性」が「実はセクシーで奔放なお姉さんとお近づきになりたい」がこれにあたります。

「FACT（事実）」や「PERCEPTION（認識）」を「INSIGHT」と勘違いして認識している広告はよくあります。たしかに前二者は商品について説明してはいますが、消費者を動かすまでには至らないことが多いのです。

図6　インサイトと氷山のたとえ

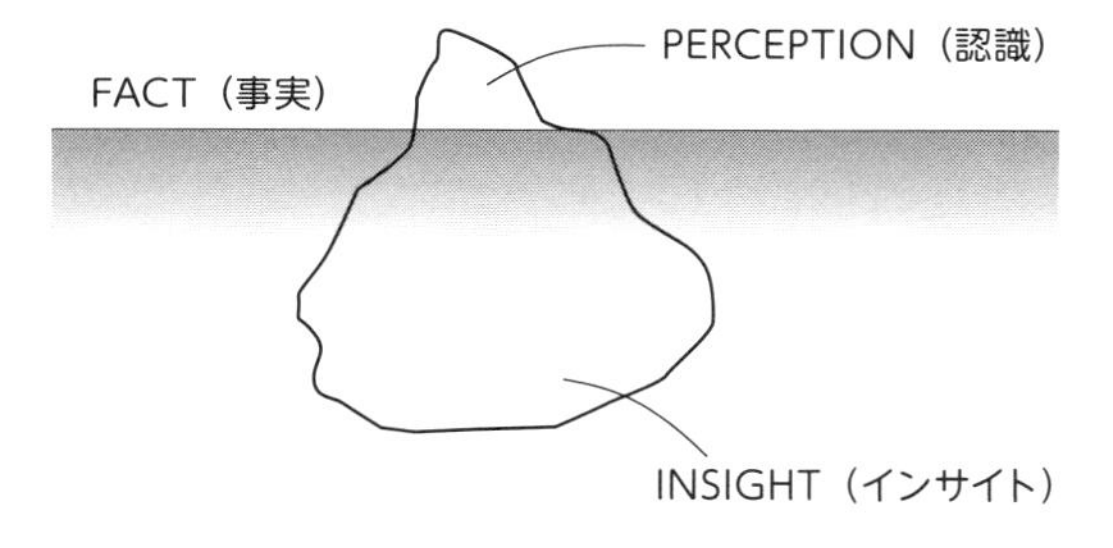

インサイトとは、「消費者自身も気づいていなかった〝本当は好き〟〝本当は欲しい〟という感情を発露させるスイッチ」のようなもの、とイメージしてみてください。この感情の発露が「そう、それ！」という発声で現れるのです。

私がまえがきで「流行のスイッチ」という言い方をしたのは、ここに根拠があります。消費者の〝好き〟〝欲しい〟という感情の発露は、当然ながら消費行動に結びつきます。それはすなわち、消費社会における「流行」とほぼ同義です。

広告制作においてもっとも大切、かつ中核をなすのがインサイトだということが、ご納得いただけたでしょうか。そして、それ以外の業界でも、マーケティングにおいて、いや、人を動かすことにおいて最も大切なのがこの「インサイト」という概念で、インサイトさえちゃんとつかんでいれば、訴求力・説得力の高い広告や商品やサービスを作ることができる確率が上がり、消費者にとってもっともハードルの高い行動――お金を払う――を促してくれるのです。

「プロポジション」を構成する5つの要素

プロポジション（伝える内容、主張）についても、もう少し説明しておきましょう。

このプロポジションを因数分解すると、大きく5要素に分けられます。**「①役割」「②テリトリー」「③属性」「④機能ベネフィット」「⑤感情ベネフィット」**です。これを架空のビール銘柄を例に出して説明しましょう。クリエイティブ・ブリーフに落とすときは、この5要素のうちのどれかに該当します。

「①役割」とは、なぜこの商品が社会に必要なのか。企業、あるいは商品の目的、その存在感、存在理由であり、創設者の基本理念から導き出されることも多々あります。伝統を売りにしているビールＡであれば、「３００年飲まれ続けている日本人の味」など。

「②テリトリー」とは、領域。その商品がふさわしい場所のことです。物理的な場所だけでなく、特定の時代や雰囲気、ムードも込みで表されるもの。野外で飲むと美味しいということを売りにしているビールＢであれば、「スポーツ観戦や野外コンサート、ＢＢＱのお供にぴったり」など。

「③属性」とは、商品の構成要素です。食品なら原料、電化製品やクルマならスペック、チェーン店なら店舗数、サービスならその範囲があたるでしょう。「素材を売りにしているビールCであれば、「最高の素材を使った、最高の品質」など。

「④機能ベネフィット」とは、その商品がユーザーに寄与する利益（ベネフィット）は何かということ。定量的に測れる、実利的な効果や効能です。低カロリーを売りにしているビールDであれば、「ダイエット中でも安心して飲めるビール」など。

「⑤感情ベネフィット」とは、その商品がユーザーにどんなフィーリングを与えるかです。贅沢感を売りにしているビールEならば「自分にごほうびをあげたい夜に飲む、とっておきの一杯」など。

こうして見てみると、プロポジションとは「キャッチコピー化する直前の状態」といえるかもしれません。

インサイトが9割、伝え方は1割

自戒も含めて申し上げますが、当の広告業界でもインサイトを発見することができず、消費につながる広告を作れない例がたくさんあります。その原因として、「表現の面白さ」こそが広告の価値だと広告制作者が勘違いしているケースがあります。

たしかに、広告には目を引く表現や斬新なキャッチコピーといった、「面白い発想」が必要不可欠のように思えます。が、広告の作り手が「面白い」を「誰も考えつかない」と取り違えてしまうと、その広告は誰も理解することができない、「自分ごと化」できない、ただ単に突飛なだけの表現物となってしまうこともあります。

たとえば、Aという商品の若者受けが悪いので、イメージを刷新すべく若者向けの広告を作ることになったとしましょう。マーケターからは、さまざまな調査に基づいて、世間でのAのイメージ、デザインの評価、ニーズの有無についてのたくさんのインサイトが提出されます。そしてその中から最も鋭いインサイトを導き出します。ここまではOKです。

ところが、それらインサイトを取りまとめてクリエイティブ・ブリーフを作り、クリエイターに投げても、インサイトをあまり反映しているように見えない広告案が出てくることが多々あります。これは一体なぜでしょうか？

クリエイターというのはえてして、「人が考えつかない表現」を善しとする職種です。そのため、マーケターが出してくるインサイトをそのまま反映させて案を作るようなことは「ひねりがない」として、己の感性が信じる「斬新で、面白い」ものを「作品」として出そうとする傾向があります。
こうした設計図とずれた突飛な「作品」に、芸術的価値はあるかもしれませんが、消費を促すという意味での広告的価値は付与されないケースがあります。

皆さんも、こんな広告を見かけたことはありませんか？　たしかに目新しくて珍しい表現だけど、一体何を言いたいのか、商品の売りがなんなのか、サッパリわからず、買いたいと思えない……。それは、インサイトを無視したクリエイティブだからかもしれません。
一流のクリエイターは表現の面白さももちろん追求しますが、広告においては「インサイトが9割、伝え方は1割」だということをよく知っています。前述したクリエイターの佐藤可士和さんが商品の工場に通ったというエピソードも、まさにその一例を表しているのだと思います。

もちろん例外はあります。インサイトをまったく加味していない広告でも、流行りの要素を盛り込み、旬のタレントを連れてきてゴールデンタイムにテレビCMを流し続ければ、一時的に注目を集めることはできるかもしれません。しかし、インサイトを丁寧に汲んだ広告に比べれば、商品がヒットする確率はずっと下がると考えるのが妥当ですし、その注目は長続きしないでしょう。

また、大きな予算を持っている企業ならば、そうしたことも可能かもしれませんが、そんな企業はほんのひと握り。世の9割を占める中小企業・零細企業は、限られた予算という制約下で自社製品のヒット率を高めていかないと、次はありません。コスト削減、費用対効果という観点から見ても、鋭いインサイトを発見し活かしていくことは必要不可欠なのです。

第４章

インサイトを見つけるには

さまざまな調査方法

この章では、クリエイティブ・ブリーフを作る前段階である、さまざまな調査について解説していきます。話はやや専門的になりますが、とはいえ、仮説をいかに立てるかといったことは、広告やマーケティングとは直接関係のない仕事をしている方にもお役に立つかと思います。

この調査が広範かつ網羅的なものであればあるほど、95ページの図2で言うところの左側の裾野部分が広くなり、インサイトの凝縮度が上がります。

まず、調査方法には大きく2つ、**定性調査**と**定量調査**があります。

定量調査とは、数値で集計できるもの。「はい／いいえ」「選択肢からの複数回答」など、「△と回答した人は■%、○人」と集計できるタイプの調査です。

定性調査とは、数値では表現できない、調査対象者の発言や行動を収集するもの。いわゆるインタビューや、「なぜこの商品がいいと思ったのか」といったフリーコメント記述などがそれにあたります。

定量・定性にかかわらず、調査方法は多岐にわたります。調査会社の係員による自宅訪問調査、アンケート用紙のポスト投函、テレビ局がよくやる電話調査、インターネット上のフォーム入力による調査、LINEを使った調査など。

そんななか、定性調査の基本的手法として、またマーケティングリサーチの伝統的手法として知られているのが、**グループインタビュー**です。似た属性を持つ被調査者6人程度を1グループとして意見を募り、複数グループ間の共通点や違いに着目して分析を施します。ただ、見栄や同調圧力によって個々の正確な情報が得られなかったり、一人ひとりから深い情報が得られなかったりすることもあります。

それをカバーするのが、**デプスインタビュー**と呼ばれるもの。対象者と1対1で行うインタビューで、他の被調査者の影響を受けにくいため、深い情報を得られます。

参与観察という方法もあります。これは、たとえば被調査者がスーパーで買い物をしているところをずっと観察し、どういう動線でどの店に行ったかなどを記録する手法。本人にそのことを知らせるケースと知らせないケースがあります。

被調査者の家に〝家庭訪問〟する訪問観察も定性調査のひとつ。発言だけでなくプライベートな生活空間と合わせて調査することによって、パーソナリティをより深く洞察できる方法として知られています。

このようにして、各種インタビューや参与観察、訪問観察などによる調査を記録にまとめることを、社会学や文化人類学の分野で「エスノグラフィ」と呼びますが、これをマーケティング領域に応用したのが「ビジネス・エスノグラフィ」です。

まっさらな状態から仮説を立てる

さて、専門用語がいくつか飛び出しましたが、大切なのはこうした表面上の言葉ではなく、これらの調査を駆使して何をするかです。調査の最大の目的は、「鋭い仮説を立てる」ことだと私は思っています。

良い仮説が良いインサイトに結びつく確率が大変高い、と覚えておいてください。

実は私がマーケティングの世界に入ってびっくりしたのは、この最も大切な仮説を作るための調査がほぼといっていいくらい行われていない……というか、多くのリサーチャーやマーケターがはじめから仮説を独断と偏見で勝手に決めてかかっている点でした。

「この軽自動車は若いママ向けに売る。だから、若いママのインサイトを探ろう」

これ、どこが間違っているかわかりますか？　そもそも、その軽自動車が本当に若いママにニーズがあるかもわかっていないのに、勝手に決めつけてしまっているところです。思い込みの仮説で「軽自動車は若いママ向け」を出発点にしてしまうと、いくら考えても良いインサイトは発見できません。この軽自動車はもしかすると若いママではなく、60代に響くかもしれない。まずは決めてかかるのではなく、仮説自体を作るための調査が必要なのです。誰がこの商品を最も必要としてくれるのか。もちろん、これまではこのサイズの軽自動車は若いママがメインターゲットだったのかもしれませんが、今後も本当にそれで良いのか、ゼロから考える必要はあります。

このように、先入観のないフラットな状態から仮説を一から作ることを「仮説発掘型調査」といいます。そして私はこの「仮説発掘型調査」こそが、深いインサイトを発見する、遠回りなようで最短の方法だと思っています。なお、これに対して、既にある仮説を是とし、それを定量的に検証するための調査を「仮説検証型調査」といいます。が、くり返しになりますが、鋭い仮説が出たらそれを定量的に検証することに意味はありますが、ダメな仮説をいくら量的に検証しても、まったく意味がありません。

ところが世の多くのリサーチャーは、あらかじめ前提を決めつけてしまいます。理由は先程書いたとおり、過去のデータを参照しているからです。むしろ、前提なく調査をすると、暗闇で手探りするな、と上司から叱られてしまうケースが多いと思います。しかし私は、まずは、まったくの暗闇で手探りすることからはじめないと、思い込みや先入観や偏見のない新しい仮説は絶対に出てこないと思います。

たとえば軽自動車の売上が少しずつ落ちているとしましょう。そのとき、手元に「過去20年間のこの軽自動車の主たる購入者は20代の女性」というデータがあると、「じゃあ20代の女性需要をどう復活させようか」という発想になってしまうというわけです。

もしかしたら20代の女性はもう軽自動車に興味はなく、むしろ高齢化社会でアクティブになった60代のほうが、よっぽど新しい軽自動車を欲しがっているのかもしれないのに、はなから「若いママ向け」という仮説を立てて思考停止してしまうと、本当のインサイトには行き着けないのです。

効率だけを考えるなら、たしかにゼロベースで仮説を立てるのは得策ではないでしょう。調査は広範であればあるほど、お金も時間もかかります。しかし、最初から決まっている仮説、そして、そこから導き出されたインサイトは、いかにも薄っぺらいものです。

私は若者調査を主たる業務としていますが、やはりここには注意しています。クライアントに対しても、「何も考えないで、まず今の若者たちがどういう人たちになってきており、どんなものが欲しくなっているかという議論をゼロからはじめませんか」とよく提案します。現実には「そんなに時間はありません」「それよりとにかくこの商品を若者に売りたいので、どうやって売ったらいいかを考えてほしい」と言われてしまうこともありますが。

「マイルドヤンキー」という流行語に関しても、くり返しになりますが、最初からこの言葉ありきだったわけではなく、あくまでゼロベースで、無作為に選んだ大量の若者を全国津々浦々、３年かけて調査をしてきたからこそ結果として出てきた概念です。仮説ありきでは、マイルドヤンキーは発見できなかったと思います。

これはとある企業からお受けしたある商品のマーケティング業務の一環でしたが、今から考えると、よくじっくり私の手間のかかる手法につき合ってくれたなと心から感謝しています。でもそのおかげで、若者の嗜好を細かく汲むことができ、同社の商品開発や広告展開に活かすことができ、あるヒット商品を作ることにもつながりました。

まっさらな状態から仮説を立てる。これは鋭いインサイト探しの原則にして鉄則です。ここにはお金も時間もかけることが重要です。

上っ面インサイトには要注意

とはいえ現実問題として、広告マンが自社で商品を開発するケースは少なく、既に存在する商品やサービスを売らなければいけない業種です。企業が最初から「20代の女性に売りたい」という希望を持っている場合も多いわけです。企業が売りたいターゲットやつけたいイメージと、その商品が持つインサイトがずれていることも少なくありません。

たとえば、あるメガネメーカーが開発した新しいメガネのセールスポイントが「つる」のデザインだとしましょう。広告会社としては、クライアントにそう主張されてしまうと、フラットな状態から仮説を立てることなど忘れてしまい、「つる」のデザインのインサイトを一生懸命探してしまいがちです。

こうなるともう本当のインサイトにはたどり着けないことになってしまうかもしれません。グループインタビューをしていろいろな意見が出たところで、それは思い込みの仮説かもしれない「つる」のデザインについての意見に過ぎません。

被調査者の誰かが何気なく口走った「メガネのデザインにちょっとした個性が欲しいですね」を拾い上げ、最終的には「つるにも個性を」みたいなコピーができあがってしまう。

どんな調査をしたって誰かしら「個性的なデザインがいい」とは言いそうなものですよね。それを強引に、「つる」のデザイン（という、クライアントが主張するセールスポイント）に結びつけてしまっているだけです。

こうしたケースは完全に上っ面インサイトになってしまう悪い例です。

広告会社が本当にやるべきことは、そうではありません。

「つるが個性的なのがいい」、そういう上っ面の嘘インサイトを発見した人間は、果たしてメガネの「つる」が個性的だからという理由だけで、本当にそのメガネを人々が買うと心の底から思うのでしょうか?

人はウソをつく

私がマーケティング業界に入って一番「え?」と思ったのが、グループインタビューなどの聞き取り調査で、「発言はすべて真実」という前提が成り立ってしまっているということです。

長らく若者に対する調査をやってきて断言できるのは、人は意図的にウソをつくことも、悪気なくウソをつくこともある生き物だということです。

前者は見栄やプライドのため。年収を実際より高めに言ったり、交際経験人数を多めに言ったり。後者は「自分はこういう人間のはずだ」という思い込みがつかせるウソ。自分では人気者だと思いこんでいるけれど、客観的に見たらクラスで煙たがられている――そんな人をイメージしてもらうといいでしょう。

このウソに騙されないで本心を探り出すのも、調査の大事な役目です。

私は、とあるグループインタビューに呼んだ若い男性の家に、後日家庭訪問調査を実施した際、ウソをはっきりと確認できました。

その彼はグループインタビューで自分のことを「クラスでは結構人気者で、友達も多い」と言っていたのですが、私は何か引っかかりました。不自然にオラオラしているし、変に自慢が目立つし、好かれていると言う割には、あまりさわやかな人当たりじゃない。

案の定、彼の家に行ってみると、友達からもらった色紙の類いもなくて、むしろ明らかに友達が少ないように見えました。今の若者たちは、親しい友達同士で色紙を送りあったりすることが本当に大好きなので、人気者なのに家に色紙が１枚もないというのは、かなり不自然なことなのです。

人間はウソをつくので、このくらい、本人の発言と実態が真逆ということもありうるのです。ですから、被験者の言葉をそのまま記録し、その議事録を何度も読解してインサイトを導き出そうとするのはとても危険です。ではなくて、被験者の顔色や醸し出す雰囲気も判断材料にしながら、調査者の「解釈」「見立て」が必要なのです。それが鋭い仮説を立てるということに他なりません。

人を疑えとは言いませんが、人の発する言葉はひとつの材料でしかない、という点を肝に銘じてください。それこそ、前述したウーマンラッシュアワー村本さんの超高感度センサーは、人の言葉だけではなく、表情や仕草や格好など、かなり多くの材料に敏感に反応します。

インサイトを見つけるために養うべき4つの力

以上を踏まえ、調査によってインサイトを見つけ出すために必要な力を4つ挙げておきましょう。

①違和感力

特に気に留めなければ通り過ぎていく、目の前の光景や相手の言動。これらを注意深く観察することで生じる「違和感」に注目すると、意外なインサイトを発見できることがあります。

一例を挙げましょう。私は2010年の著作『近頃の若者はなぜダメなのか 携帯世代と「新村社会」』（光文社）という本で、当時若者に着用者が増えていた「伊達マスク」という言葉を創りました。これは、風邪をひいているわけでも花粉症でもないのに着けるマスクのことです。なお、この本以降、この「伊達マスク」は流行語になり、今では一般的な言葉になっています。

「伊達マスク」を着ける目的は、「顔のコンプレックスを隠せる」「他人に表情を悟られないため安心できる」「知人に気づかれて会話する煩わしさを避けられる」など。要は、コミュニケーションが苦手な人にとっての便利な防護服のようなものだったわけです。

これに気づいたきっかけは、群馬県でのインタビュー調査でした。先述の本にもこのエピソードを書きましたが、声をかけた男子高校生3人組のうち、1人だけがマスクをしていたのです。彼以外の2人は会話もこなれていてモテそうな雰囲気でしたが、彼だけがちょっと内気でモテなさそうな雰囲気でした。

私はインタビューで彼らに今まで付き合った彼女の数などを聞き、3人とも人数を教えてくれましたが、2人のスムーズな返答と比べると、彼のは明らかに嘘っぽい。2人に「合わせている」回答のように見えました。私は彼に相当な違和感を抱きました。

帰り際、話を聞いたお店を去ろうとすると、彼が私を追いかけてきて、こう言いました。

「俺、童貞じゃないっすから」

コミュニケーションが苦手な人ほど相手の顔色に敏感だとはいいます。いまだに真相は藪の中ですが、わざわざそれを言いにきた彼の心理を推し量ると、ひょっとすると彼の女性遍歴は嘘だった可能性があるように感じました。

モテる周りの2人に合わせるために、モテるフリをする。でも、それはなんだか辛い。そうしたときにマスクをしていると、なんだか自分を防御してくれているような、安心した気持ちになり、人と話しやすくなる。まさに伊達マスクをする若者のインサイトを発見した瞬間でした。

「違和感力」は、「気づく力」「疑い力」と言いかえてもよいでしょう。そう、人はウソをつくのです。見たまま聞いたままを額面どおりに受け取るのではなく、その裏の意味に思いを馳せてみる。

人の言動をいちいち疑うというと、少々感じが悪いようにも聞こえますが、疑わないというのは無思考であるということでもあります。プライベートではそれでいいとしても、少なくともヒット商品やサービスを開発するためのビジネスシーンであれば、ぐっと堪え、人を疑い、人の言動の裏を読む、深く読む訓練をしてみてください。

昔、俳優の仲代達矢さんが主宰されている無名塾の舞台で、ゴーリキーの『どん底』を観に行ったことがあります。『どん底』はものすごく貧しい生活をしている人たちを描いた話ですが、その中で、ある女性が「昔は金持ちだった」と言って、皆から笑われます。「あのおばさん、またそんなこと言ってるよ。こんな貧乏暮らしで、そんなわけないだろ」といった感じで。

そこで仲代さんがスッと出てきて、**「彼女が何を言っているかじゃなくて、なぜ言っているかに注目しよう」**といった主旨の台詞を言うのですが、当時かけだしのマーケターだった私は、目から鱗が落ちたことを覚えています。インサイトを見つけ出すのに必要な態度とは、まさにこれだと思ったのです。

他の人は女性の発言を聞いて、ただ笑うだけでした。しかし問題とすべきは、一般庶民が貧困を余儀なくされているロシアの社会構造であり、この女性は妄想で見栄を張るくらいしか楽しみがない、ということ。彼女が言った内容ではなく、言った動機のほうが大事で、インサイトとはまさにこのことなのです。

②作家力

作家力とは、「直感力」ともいうべきもの。「一般的にはこうだから」「普通はこう」といった先入観にとらわれない、いわば作家の直感のようなものをイメージしてください。

ただ、日本の企業はえてして、個人の直感を信用しません。あなたも経験がありませんか？　面白そうな発想、斬新な気づきをせっかく会議で提案したのに、「それはお前の主観にすぎない」「エビデンス（証拠、根拠）がない」と、にべもなく上司に却下された経験が。

多くの企業は、ある程度普遍性があって多くの人が「なるほど」と首を縦に振る提案だけを採用します。十分な先例と、信用に足る明文化された「エビデンス」があってはじめて決裁が下りる傾向が、日本企業は強いのです。

もちろんそれは、基本的に正しいことだと思いますが、本当にブレイクスルーするときは、エビデンスなき「直感力」が存在していることが多いのは間違いありません。

　これを一般企業のマーケティングの業務に当てはめると、どうなるか（あくまで仮定です）。会社のインタビュールームでたくさんの若者にヒアリングをして、大量のメモを取り、そこで浮かんだ仮説を基に定量調査（仮説検証型の調査）を行い、その結果がすべて真実だと盲信して会議資料に入れ込み議論する……。

　ちょっと考えればわかりますが、しゃべりのプロでもない限り、思っていることを正確に言語化できる人は、大人でもなかなかいません。経験値の少ない若者ならなおさらです。リサーチする側としては、インタビューで彼らが話した言葉を額面どおりに受け取らず、その裏にある真実を嗅ぎ取らなければなりません。そして、その嗅覚には根拠がなくてもいいのです。先ほど、根拠のない仮説はダメだという話を書きましたが、作家力を発揮するシーンにおいては、その限りではないのです。

　群馬のマスク高校生と同じく、人は往々にして真実を口にしません。意図して、あるいは意図せずにウソをつきます。それは往々にして相手を欺きたいからではなく、自分のプライドを守るためです。そういう嘘は、対面インタビューの際に抱く直感でしか察知できません。

直感に明確な根拠はありません。ただ、1人の人間が何十年も人生経験を積んだうえに感じる「何か」は、真偽不明の証言をエビデンスとして盲信するより、よっぽど信憑性があります。ただし、普段から直感は磨いておかねばなりませんが。

出版の世界がまさにこのジレンマに陥っているように見えます。もう長らく出版不況が続いていますから、よほど名のある作家でないと、新しい本が出しにくい環境になっています。出版社の企画会議を通るのは、類書がすでにあり、過去にこれだけ似た本が売れたんだから、この本もある程度いけるでしょう、だから出しましょう、というロジックのものばかりです。

この手法では二匹目のどじょう、三匹目のどじょうは狙えますが、本当に革新的で売れる本は作れません。なぜなら、本当に革新的に売れる本は、過去に類書がない、まだ顕在化されていないニーズを一番最初に言い当てたものだからです。

作家力はなにも、すごい才能を持った小説家や表現者だけがそなえている特殊能力ではありません。普通のサラリーマンも、日々感性を研ぎ澄まして発揮してよいものです。

ただ悲しいことに、多くの会社組織は社員の「作家力」を育てようとしないばかりか、「悪」として積極的に排除しようとします。

新入社員の頃には学生時代に培った感性や直感力、つまり作家力をまだギリギリ残している人も多いはずです。しかし組織に身を置くうちに、仕事で作家力を出すことはいけないことだと教え込まれ、だんだん少なくなっていくと、長らく大学生から社会人になっていく若者たちを見ている私としては感じています。

会社では同調圧力が作家力を蝕んでいきます。大人数の会議で、たいして議論もしていないのに、なんとなく場の空気がある方向に傾いていって、なし崩し的に決定ということは日本社会ではよくあることです。そういう場合に「エビデンスはないけど違うと思います」と手を挙げるのは、相当勇気のいることですし、そんなことを言えばすぐ「ＫＹ野郎」と認定されてしまいます。

ロジカルに説明されても本能的に納得できないという、いわば動物的な感覚は捨ててはいけません。芸人さんが持つ超敏感力もまさにこれと似ていると思います。

ベストセラー作家の村上春樹さんが自著をたくさん売るために工夫することと、飲料メーカーが新商品をたくさん売るために工夫することは、本質的には同じことです。

村上春樹さんは常人には持ち得ない偉大な才能を持っていますが、書いた本がミリオンセラーになるということは、その作品には100万人のインサイトをつく「何か」が内包されているということです。それだけ多くの人の「そう、それ！」を喚起する本ということにほかなりません。

一見してベストセラー作家とサラリーマンは真逆の商売に思えますが、いずれも「消費者のインサイトを見つけ出す」という意味で、仕事上の肝は同じです。

多くの企業は、なるべく社員の直感や個性を失わせ、汎用性のあるスキル獲得を推奨し、皆が量産型ロボットのように「同じ手法で売る」というゴールに行き着かせようとします。しかし消費者のインサイトが多様化した現代においては、「作家力を育てる」ことにもう少し重きを置いてもよいのではないでしょうか。

③超受容力

特に年長者が若者のインサイトを探す場合に重要なのが、自分が長年培ってきた価値観とはまったく異なる価値観に遭遇しても、臆せず受け入れる力。これは口で言うのは簡単ですが、意外に難しいものです。

わかりやすいのが、今や若者の流行の基本法則ともなっている〝団子より花〟理論と呼ぶべきものです。

もともとの言葉は「花より団子」です。意味するところは、「花見の席で綺麗な花を愛でるより、空腹が満たされる食事のほうに執心してしまうのが人間というものである」。芸術よりも実益、見た目よりも実質ということです。

ところが、今時の若者たちは逆、〝団子より花〟になってきている傾向があります。「インスタ映え」という言葉があるように、たとえば料理にしても、「おいしいもの」よりも、「見栄えが良いもの」を好む子が、皆がそうではないにせよ、増えてきています。良い写真が撮れたら、それがまずかったとしても、インスタグラムにアップします。前述したように、ビール嫌いなのにビールフェスの写真を意気揚々とアップするような彼らの行動は、その典型でしょう。

こういう話をしても、にわかには信じられないという顔をする年配の方も多いのですが、ここで抵抗したり反論したりせず、柔軟な姿勢で彼らの価値観を検証・受容する習慣をつければ、おのずと彼らの行動原理や、その裏に潜むインサイトが見えてくることでしょう。

ここまでの3つの力、「違和感力」「作家力」「受容力」にうっすら共通しているのは、**先入観・同調圧力・既成概念を取っ払うこと**。まさに、「フラットな状態から仮説を立てる」にも通じることです。私が日々の業務で一般の人に聞き取り調査をする際、特に気をつけていることでもあります。

私が聞き取り調査でまずすることは、私の常識をなるべく捨て去ることです。中年の私の常識は、過去の常識である可能性が高く、もちろん、それで今まで生きてきた多少の自負はあるものの、そんなちっぽけな自負はインタビュー調査の2時間の間は捨て去ります。そして、あたかもはじめての国に来たようなまっさらな気持ちにできるだけなって、若者たちの言葉に耳を傾けるようにします。

私は若者の自宅にお邪魔して聞き取り調査をする際、だいたい手ぶらで向かいます。もちろん聞いたことのメモはとりますが、事前に準備した資料や調査票などは持参しません。

もちろん、過去に無数の若者調査をした際の経験や記憶のアーカイブが頭に入っているからというのもありますが、人の話には文脈があるので、調査票の質問順どおりに質問をしていると、会話の流れがおかしくなり、本音が引き出せなくなることがあります。

インタビュー中、予期せず恋愛の話が盛り上がったら、そのまま泳がせて心ゆくまで恋愛の話をさせるべきですし、それがその後のインタビューで触れたかった、その人の結婚観や人生観の理解につながることもある。だから脱線したっていい。こちらから下ネタをふって心を緩ませることだってあります。

最初から調査票をしっかり準備し過ぎると、その質問を消化するためにぎこちない聞き方になって、本来の自然な会話で聞けるはずだったことが聞けなくなってしまう。想定質問にとらわれて、予想もつかない話の展開を許容できなくなる。だからつい、脱線を方向修正してしまう――これでは、神経を研ぎ澄ました「違和感力」も、直感に基づいた「作家力」も、自分のアーカイブにない主張を受け入れる「受容力」も磨かれません。

民藝運動で知られる思想家・柳宗悦（やなぎむねよし）（１８８９～１９６１）の有名な言葉に「見て知りそ。知りてな見そ」というものがあります。「見てから知れ、知ってから見るな」、つまり「**知識を固めすぎてから挑むと、対象の本質をとらえられない**」という意味ですが、これはインタビュー調査の心得にぴったりの教えではないでしょうか。

調査票どおりに調査しない、下ネタを言うなどは、リサーチャーのセオリーからは外れているかもしれません。しかし、私はこのやり方がベストと信じて疑いません。少なくとも調査対象が若者の場合は、「ちゃんとした調査ではちゃんとした質問を順番通り聞くべき」という既成概念を取っ払って、やっと新しい発見が生まれると思っています。

④記憶する意志

４つ目は基本的な能力ですが、聞いた話やその時の仕草などをしっかり覚えておく「記憶力」です。なぜ記憶力が大切かといえば、人は本筋から離れて、聞かれていないのについしゃべってしまうことがあり、そこにこそ、その人の最大の関心事を示していることが多いからです。「脱線」した話題のなかにこそ、その人のインサイトが含まれていると言っても過言ではありません。

であれば、インタビュアーの脳内記憶容量は多ければ多いに越したことはなく、会話の中でズレを記憶しておく必要があります。経験上、良いインサイトを発掘する人は記憶力がとても良い傾向にあります。少なくとも大きなポイントは何年経っても覚えている人が多い。それは記憶力というより、「記憶する意志」と言いかえたほうがいいかもしれません。

もちろん、聞いた内容全部を完璧に覚えていられる天才的な記憶力を持っているに越したことはありませんが、そんな人はなかなかいません。

だから一言一句、余計なことは覚えておかなくてもいいのです。情報そのものではなく、話の文脈やエピソードで覚えておけば十分。**その人のキャラ、人格を表すようなエピソードは、たとえ調査の本筋から外れているようなテーマでも覚えておく**のが吉です。

何が重要かは、時々によって違います。会食の席で何度も恩を売られるようなら、マウンティングを仕掛けているのかもしれません。食のこだわりをやたらアピールしてくる人は、食通と思われたいのかもしれない。やたら高いお店が好きだという発言からは、バブル世代的な感覚を引きずっていると推察できます。

相手のインサイトをその場で結論づけなくても構いません。心に引っかかった重要だと思われるポイントを保存しておくのです（できれば永遠に）。その中に、彼のパーソナリティの根幹にかかわること——インサイトが含まれている可能性があるのですから。

ちなみに、人のインサイトを発見する力がものすごく長けているウーマンラッシュアワーの村本さんは、私のことを「最も人を信じない男」として記憶しているそうです。さすがに、的を射ていますね（笑）。でも、私は村本さんの超敏感力を心から尊敬し、心からその能力を信じていますけどね（笑）。

インサイトを引き出すインタビュー　①ビーンボール法

相手のインサイトを会話から引き出すには、どうすればよいのでしょうか。ここでは実践編の総仕上げとして、2つの対照的なインタビュースタイルを紹介しましょう。「インタビュー」というと大げさに聞こえますが、何かを聞き出すことを目的とする会話は、広告会社がマーケティング調査で行うものでなくても立派な「インタビュー」です。

ひとつが、ウーマンラッシュアワーの村本さんが得意とする「ビーンボール法」とも呼ぶべきアプローチです。ビーンボールとは野球用語で危険球のことで、わざと打者の頭を狙って投げ、威嚇する方法。あえて空気を読まない（KY）言葉を相手にぶつけることで揺さぶりをかけ、相手の本音をあぶり出すというわけです。

ある時、村本さんがMCを担当している番組の出演者の女性がその番組を辞めることとなり、その送別会が開かれたときのことです。私もその女性を知っていることもあり、その場に誘われて行ったのですが、送別会はつつがなく進み、彼女から番組に対するお決まりの謝辞が述べられましたが、どこか表層的で固い空気が漂っていました。どうも彼女の本音が見えないのです。すると村本さんは、そのぎこちなさに違和感を感じ、こう切り出しました。

「△△さん（彼女の名前）、そういう表面的なの、やめようよ。こうやってこの会は盛り上がってるように見えるけど、どうせ明日にはみんな忘れてるし。現場から離れてもずっとこの番組を見ますって君はさっき言ってたけど、それ嘘でしょ？　どうせだから、番組への不満をここで吐き出してから終わらせてよ！」

村本さんがすごいのは、場の空気を誰よりも読めるくせに、あえてＫＹな危険球をぶっ込み、空気を壊しにかかったことです。

すると、彼女は泣き出しました。泣きながら、番組にどれほど思い入れがあったか、それなのに一方的な通告で辞めねばならなくなったこと、そしてその悔しさを吐露しはじめたのです。彼女のインサイトや本音が丸裸になりました。

村本さんはよく討論番組などでその手法を使います。デリケートなトピックに対して、皆が無難で丸く収まりそうなコメントをするなか、ひとり本質をつく、言いかえれば場の空気を乱す一言を放り込んで、本質を露わにするのです。

場の空気を読みきったうえでギリギリを攻めるというのは、卓越したお笑い芸人ならではの技術。今どきの若者言葉でいうと「ＡＫＹ」（あえて空気を読まない）ということになります。「危険球」だけに難易度は高いですが、それだけに相手の思わぬインサイトが発見できるかもしれません。

インサイトを引き出すインタビュー　②ラポール形成法

もうひとつが、「ラポール形成法」と呼ぶべきスタイルです。これは一般のインタビューでも最も大切なことだと言われていることです。

広告会社のオジサンが20歳そこそこの大学生にインタビューをするとなると、大抵は若者のほうが警戒心で一杯になってしまうことが多いのですが、それを取り払うのがこの方法です。マーケティング用語で「ラポールを形成する」とは、相手に信頼できると思わせる、というようなニュアンスであると理解してください。

若者へのインタビューは居酒屋などで行うことも多いのですが、店へ入るなり「本当に今日はありがとねー」「忙しいのにごめんね。助かるよー」などと腰を低くします。ただし年上・年下関係はキープ。「腰の低い年上のお兄さん」ポジションを、最初の数分間で確立します。

用意した質問を順に聞いてはいけません。それではいかにも「何かを聞き出そうとしているインタビュー然」してしまい、相手の警戒心が解けないからです。

ですから、とにかくいろいろな球を投げます。好きな芸能人、興味のあること、やっているスポーツ、よく行く街や店など。帰ってきた答えはなるべく褒めて、相手を肯定します。「よく知ってるね」「そうとう好きなんだね」「へえ、すごい。面白そうだ」。盛り上がる話題がリサーチ目的とまったくズレていても、いっこうに構いません。

ある程度打ち解けてきたら、突然エグい話を投げます。若者相手であれば、恋愛の話はある程度定番です。「最近デートでどこへ行ったの?」「それだけイケメンだと、相手には不自由しないんじゃないの?」。相手がやや引いてしまうかもしれませんが、それ以前にラポールが形成されていれば大丈夫なはずですし、かえって下手に遠慮したり躊躇したりするのはダメ。無邪気にストレートに聞くのがポイントです。

もし抵抗感を示されたら、自分の話をします。「俺なんか学生時代、本当にモテなくてさ。

彼女なんてずっといなかったし、キャバクラや風俗に行きたくてもお金がなくて……」

インタビュー術のマニュアルなどを読むと、「エグい話題は婉曲的な言葉で」「いちばん最後にするべし」と書いてあることもありますが、私はあえてストレートに、しかもインタビューの前半に入れ込むことが多いです。

なぜかというと、早い段階のぶっちゃけトークで相手の心を溶かしたほうが、その後の質問に答えるハードルが下がり、なんでも答えてくれるようになりやすいからです。一度恋愛の話をした後だと、年収やローンの金額の話なんて余裕で答えてくれるようになります（そして実は、私が彼に本当に聞きたかったのは、最初からお金の話だったりするわけです）。

荒療治ではありますが、注射と同じで突然ブスっとやってしまったほうが楽。だんだんと核心に忍び寄るのは、聞いているほうも聞かれているほうも疲れてしまう。だいたい、名前や住所から順々に聞いていくなんて、取り調べみたいで相手も居心地が悪いでしょう。

さすがに女性に対してセックスの話はしにくいですが、それでも下世話なぶっちゃけ質問はします。

原田「クリスマスは彼とすごすの？」
相手「彼なんていませんよー」
原田「いやいや、こんなかわいいんだから絶対いるでしょ。いままで何人くらい付き合ったの？」

オッサンが何を気持ち悪い質問を……とお思いかもしれませんが、基本的には相手を褒める、立てる方向で質問しているので、字面から受ける印象ほど、相手は不快感を抱きません。そして、もちろん、ラポール形成を確信した後にこうした質問を行うので、ラポールが形成されない人にはこうした質問は行いません。

マイルドヤンキーへの取材の際は、この方法が特に奏功しました。彼らは下品な話題、下ネタが大好きな傾向があるので、またたく間に心を開いてくれたのです。

また、この方法はギブ・アンド・テイクが鉄則。相手の恥ずかしい話を聞くなら、自分の恥ずかしい話もしなければなりません。自分も裸になって晒さなければ、相手はインサイトを教えてくれないでしょう。自分をさらけ出すことで相手の本心を引き出すのは、そもそもコミュニケーションの基本ですが。

コラム

インサイトをつく要素

昨今の流行語やヒット商品から、インサイトの発見を試みる際のヒントになりそうな要素を挙げておきましょう。

【ギャップと親近感】

カープ女子の流行は「若者なのに（オジサンくさい）野球が好き」というギャップが底にありました。たいして酒が好きでもないのに渋い居酒屋に行きたがる「横丁女子」が多いのも、「ギャップ」自体に価値を見出し、他人への自慢材料とする今どきの若者に特に多いメンタリティです。

著名人がギャップを帯びると、それは親近感に転化します。映画『テルマエ・ロマエ』の主演で知られる阿部寛さんは、すごく格好いいけどどこか抜けているコメディイメージがある。日本テレビの桝太一アナウンサーは、東大卒で超ハイスペックなのにどこか不器用で愛される。ローラさんやりゅうちぇるさんも、黙ってモデルだけをやっていれば十分に美形・十分にイケメンといえますが、それに加えて（反して？）おバカキャラだったりするところに人気があります。
ギャップによる親近感は、好感度の高い著名人の多くに共通する要素です。

【真似のしやすさ】

単純な話ですが、「真似をしやすい」とか「口に出して言いやすい」ことは重要な要素。ラグビー日本代表・五郎丸歩選手の「五郎丸ポーズ」、ピコ太郎の「ペンパイナッポーアッポーペン（ＰＰＡＰ）」、「お・も・て・な・し」などは、雑に真似をしてもちゃんと成立します。「恋ダンス」が若者の間に流行った理由として、「ダンスとしては比較的難易度が低かったから」ということがあるかもしれません。

【二項対立の法則】

誰の目にもわかりやすく賛否が分かれるものは、人々の話題に上りやすく、議論を巻き起こしやすく、したがって流行するという傾向にあります。愉快な事象ではありませんが、「ヘイトスピーチ」はその代表例でしょうし、トランプ大統領についての毀誉褒貶もそうです。「保育園落ちた日本死ね」や、東日本大震災後に活発化した原発の是非論などもこの部類に入るでしょう。

ポイントは、その状況が誰にでも直感的に理解できるような「二項対立」であること。いくつもの意見が乱立している状態や、トピックの構造が複雑すぎる場合、多くの人々はその状況を一望できないため、話題に出すのを避けます。人は「わかりやすいもの」のどちらかの立場に立って「一言物申したい」生き物なのです。

【アメリカカ】

現在の日本では、特に若者の間で「アメリカで流行ったものはカッコイイ」という価値観が大勢を占めています。昭和じゃあるまいし……と、中高年には意外かもしれません。しかし現実に、ニューヨークやロサンゼルスのセレブが好きだと公言しているもの――コスメ、ファッションアイテム、健康食品、イベントなど——はSNSを通じて昔以上にまたたく間に日本の若者たちの知るところとなり、拡散・流行します。そう、SNSの普及により、若者たちの間でアメリカの影響力が高まってきているのです。

また、日本発であっても「アメリカで評価された」ことが逆輸入ブレイクのきっかけになることもしばしば。ジャスティン・ビーバーがSNSでお気に入りであることを公言した「ペンパイナッポーアッポーペン」、米国で先行してブレイクしたスマホゲーム『ポケモンGO』は、これに該当します。

【情緒インサイトと機能インサイト】

既に存在していたり、同様の本質を備えているものがずっと前からあったにもかかわらず、ある時期に突然流行りだす商品やサービスがあります。

昨今でいえば、東京都美術館で2016年に開催された「生誕300年記念若冲（じゃくちゅう）展」をきっかけとする若冲ブームや春画ブーム、カープ女子などはそうでしょう。若冲も春画も広島東洋カープも昔からあったのに、若者向けの切り口——それぞれ「動植物をポップでカラフルに描く作風」「サブカル好きの琴線に触れるエロチシズム」「オジサンが好む野球好き女子という希少性、赤いユニフォームのインスタ映え」——が新たな客層のインサイトをつきました。

思い返してみれば、コンビニエンスストアというものが1970年代に日本に登場した時も同じでした。売っているものはスーパーと大差ありませんでしたが、都心の立地で深夜まで営業しているという形態が、若者の求めるライフスタイルにマッチして、瞬く間に流行したのです。

また、昨今若者にも人気のある、東京の都心にできている進化したスーパー銭湯も、「他人と湯に浸かる」という機能だけ切り取れば、下町に昔からある（そして廃れつつある）街の銭湯と変わりません。しかし、施設の見た目やサービスを充実させ、「ガワ」を変えることによって新たな客を呼び込んだわけです。

赤羽や北千住の飲み屋街が注目されたり、新宿西口の思い出横丁が注目されたり、立ち飲みや千ベロ（1000円でベロベロ／安く飲めること）が、今あえて若者の注意を引いているのも、ここに該当します。

可処分所得も減り、インスタ映えに疲れたカギカッコつきの「オシャレな店」に飽きた若者たちが、SNS上で他人との差別化を図るにあたって、これらオヤジの巣窟だった飲み屋を「一周まわってオシャレ」と見なす。この場合、「スーパー→コンビニ」や「銭湯→スーパー銭湯」のような「ガワ」の変化すらありませんが、社会状況の変化や受け手の世代的特性の変化によって、再注目を浴びたわけです。

そういった意味で、第2章では「社会インサイト」と「商品インサイト」と2レイヤーがあると説明しましたが、「商品インサイト」にもさらに2つのレイヤーがあるといえます。

商品の機能そのものに内包されているものを**「機能インサイト」**、見え方・売り出し方・切り口・印象といった表面的な部分から生成されるものを**「情緒インサイト」**とでも呼びましょう。これらを別々に分けて考えると、インサイトを発見しやすくなると思います。

第5章

若者のインサイトを探る

最後の章では、2017年現在の私が日頃の若者調査で感じている若者特有のインサイトを3つ、ご紹介しましょう。これはあくまで太いインサイトなので、細かいものでいえばこれ以外にもたくさんあると思いますが、若者トレンドの本質を理解するうえでは外せないものばかりです。

若者インサイト① プチ個性

「自分だけ悪目立ちはしたくないけど、皆と一緒は嫌だ」。これがプチ個性願望です。

今の若者はインスタグラムやツイッター、LINEなどのSNSで多くの人たちと結びついているため、個性があまりにも尖りすぎていると、「SNSムラ社会」の中で浮いてしまいます。場合によっては叩かれて炎上してしまうことも。

そこで、ほんのちょっとだけ他人と差別化した結果、「あいつ、微妙にいいよね」という感想を周囲に抱かせる、その絶妙なポジションを狙うわけです。とにかくなんでもいいから目立ちたかったかつての若者たちとは全く異なる願望です。

その「微妙な差異」は年長者から見ると確認できないことが多いため、今どきの若者は

「没個性」と呼ばれがちですが、彼らにしてみれば決してそんなことはありません。
いい例がリクルートスーツです。最近の若者たちの就活のスーツはどれも似たものばかりで、オジサンたちから見れば全部同じ紺のように見えますが、実際にその所感をぶつけてみると「えっ、同じじゃないですよ！　だって私のはここにステッチが入ってますから。他の子とは違います！」

遠くから見たら一緒に見えるのですが、いやむしろ「遠くから見たらわからない」というのは、彼らにとっては好都合。つまり、悪目立ちしていないわけです。「遠くから見たらわからない」「一見して違いがない」は、年長者からすればバカにする言葉でも、彼らにとっては完全に褒め言葉なのです。

ここ10年ほど若者の間で定着している「おそろいコーデ」「双子コーデ」というものがあります。昔で言うところのペアルックのことですが、女性の親友同士といった同性でやるのが今の若者たち。場合によっては、女子だけであれば髪型まで揃えます。最近では男性同士で「おそろいコーデ」をしてディズニーランドに行くというケースもあります。オジサンたちからすると、ちょっと信じがたいですよね。

その「おそろいコーデ」をしている若者たちに詳しく聞いてみると、「あ、パーカーは一緒ですけど、靴が違いますよ、靴」などと返ってくる。ほとんど間違い探しの世界です。同じアイテムで微妙に差し色だけ色違い、というものもありますが、決して揃え方が甘いわけではありません。逆に、完全に同じ服を着ているのは、むしろ「イタい」。微妙な差分に気づいてくれる人だけに気づいてほしい、というペアルックです。これは、ひとりで目立つのは嫌だけど複数人で目立つのは怖くないという心理でもあります。

「透明グッズ」の流行もプチ個性のひとつ。たとえば、100円ショップの「ダイソー」で販売されている透明のケースが女子高生に人気です。透明ケースはだいたい規格は統一されていて、それ自体で個性は出せません。ただ、中に入れるもので個性を出すのが彼女たち流。そっとブランドの財布を入れておいたり、カラフル小物や色鉛筆で自分をアピールしたりするのです。年長世代からすると、「みんな透明のケース？　女子高生って没個性だな」と思ってしまいがちですが、そんなことはありません。

このわずかな差分、「わかる人にだけわかる個性」に、彼らのアイデンティティが宿っています。ただ、そのアイデンティティが非常にピンポイント、かつ小さくなっているので、年長世代からすると、アイデンティティ喪失、没個性に見えてしまうのです。

間接自慢　～叩かれない程度に自己アピールしたい

私は２０１５年に、日本テレビ系の『ＺＩＰ！』という番組で発表したことをまとめた『ＺＩＰ！発!!若者トレンド事典 間接自慢する若者たち』（ＫＡＤＯＫＡＷＡ）という本を出しましたが、ここで提唱した「間接自慢」はまさにプチ個性志向を象徴しています。

間接自慢とは、あるプレミアムな体験などをＳＮＳへの投稿写真で直接的に自慢すると周りから叩かれるので、間接的に自慢する手法です。

たとえば、「いま車を運転して東京タワーに到着」みたいなつぶやきとともに写真を投稿するとしましょう。普通なら、東京タワーの真下から東京タワーだけ撮ればいいのに、なぜか車の運転席から「引き」の写真になっている。その写真の下の隅っこのほうには車のエンブレムだけ写っている。そのエンブレムは「ＢＭＷ」……。

あくまで建前上は「東京タワーに着いた」という投稿ですが、彼が本当にアピールしたいのはＢＭＷのオーナーだということ。これをどれだけ嫌味なく写真を撮るかが、間接自慢の腕の見せどころです。直接的にアピールすれば「あいつ、ウゼえ」となりますから。

女子なら、「今日は美味しいお肉を食べにきました」というコメントと共に、お皿に盛りつけられた肉の写真が投稿されているのですが、こちらもなぜか少し引いて撮っていて、奥側にもう一つ同じメインディッシュのお皿がちらっと写っていて、彼女とは別のもう一人の存在がにおわせられている。つまり、「私には彼氏がいて、こんな高いお店に連れてきてくれるのよ」という間接自慢です。

これは10代後半から20代前半の若者の間に浸透しているテクニックなので、この年代から外れたタレントさんがインスタグラムで思い切り高級車を写し込んでしまい、この世代からの好感度が下がる――というケースもあります。本人は、若者と同じようにインスタグラムを使いこなしているつもりなのに、悲しいことに人気が下がる理由がわかりません。

これも、「おそろいコーデ」と同じく、**「全員にわかってもらわなくていい、わかる人にだけわかってもらえればいい」**という今どきの若者心理です。プチ個性志向のひとつの表出形といえるでしょう。

インスタグラムの機能で「ストーリー」という機能があります。これは短い動画や写真をシェアすると、24時間で消えてしまうというもので、今、若者たちはこぞってこの機能を使っています。要は、基本的に自慢の写真や動画をずっと閲覧可能な状態で載せておくのは忍びないし、いつか誰かに叩かれるかもしれないので、嫌だ。だけど、一瞬だけでも自慢はしたい……という、間接自慢をさらに緩めたニーズに合致した「**期間限定自慢**」です。

これもまたプチ個性志向のひとつ。叩かれない程度に自己アピールはしたいという、非常に今どきの若者特有のインサイトではないでしょうか。

「プチ個性」はインスタグラム登場以降、ここ5年以内くらいに顕著になった傾向です。「自意識過剰」ともいえます。彼らは一般人にもかかわらず、どこかプチＴＶスター、プチモデル気取りなのですが、それも致し方ありません。ＳＮＳムラ社会すなわちＳＮＳ監視網は、「常に人に見られている」「常に好感を持たれたい」という意識を、彼らに強く植えつけてしまったのですから。

若者インサイト②　母息子ニーズ

「母息子（ははむすこ）ニーズ」とでも呼ぶべき潮流があります。

母と娘が友達みたいな関係になっているというのは、かなり以前から言われてきたことですが、ここ数年は母と息子が友達のような関係を結んでいるケースがよく観察されるようになりました。バブル世代（概ね１９６０年代後半生まれ）の母親と、高校生〜大学生の息子です。拙者『ママッ子男子とバブルママ』（ＰＨＰ）にそのあまりにも仲良くなった姿を描いています。

それは消費にも現れています。たとえば、前述のように今の20代男性の80％くらいは化粧水を使っていますが（この時点でオジサンは驚くでしょう）、そのうちの90％くらいが母親の薦めで使いはじめています。ということは、20代男性に特定の化粧水を買ってもらうためには、まず母親世代に気に入ってもらうというのが有効。つまり乱暴に言ってしまえば、母親と仲良くなった彼らのインサイトは**「母親が薦めるものは良いものだ」**ということになります。

彼らは特に美容・ファッション・食などのジャンルについて母親を信用しています。バブル世代の彼女たちは、昔の、いわゆる「昭和のお母さん」に比べて非常にファッショナブルで、服にも美容にもお金をかけてきました。息子の同世代の女性より化粧品やブランドにはずっと詳しいですし、良いものが何かも知っている。息子が信頼するのも当然です。私（１９７７年生まれ）世代の母親だと、どうしても「ばばあ（失礼！）」「おかん」という感じで、化粧水なんて薦められてもなあ、というのが一般的な感覚だったと思いますが、今は「そうか、お母さんが言うなら確かだね」という感覚に変容したのです。

年長世代がこれを肌感覚で理解するのはなかなか困難ですし、「母親の薦めで男子が化粧水を選ぶ」は、企業の調査でもなかなか発見できなかったインサイトです。

一昔前に「母と娘で京都旅行」という広告をよく目にしたように、今なら「母と息子で京都に行こう」というＣＭがあってもいいはずです。昨今では音楽フェスが幅広い年齢層でも楽しめるように、新旧取り混ぜたバンドをブッキングするようになっているので、50代の母親と大学生の息子が好きなバンドを薦めあって同じフェスに行く……というツアーがあっても良さそうなものです。

よもや、お母さんと息子2人きりの旅行が成り立つ時代になっているなんて、思いもよらなかったかもしれません。でも、そんな泣き言を言っている場合ではないのが現代の日本。モノが売れなくなっている時代だからこそ、もっと深掘りしてインサイトを見つけ出さなければいけません。デフレを20～30年も経験しているというのに、まだ表面だけをなぞって終わるマーケティングが溢れているのは、マーケターとして嘆かわしい限りです。

若者インサイト③ 「サイコーにちょうどいい」

全世代に向けた広告のキャッチコピーで「平成最高」のものを勝手に選ばせていただくとしたら、日産のミニバン「セレナ」の「モノより思い出。」だと思いますが、全世代ではなく若者限定のものなら、2008年に発売されたホンダのミニバン「フリード」の「サイコーにちょうどいい」ではないでしょうか。CMでジョン・レノンの息子、ショーン・レノンが「This is サイコーにちょうどいいHonda!」と言っていたのを覚えている方もいらっしゃると思います。

ちなみにセレナのCMは博報堂、フリードのCMは電通の制作ですが、「サイコーにちょうどいい」を聞いたときに、博報堂の私には「あ、やられた」という感覚がすごくありました。電通さんの思惑や、クリエイティブ・ブリーフがどうなっていたかは知る由もありませんが、今の若者が求めているのは「最高」ではなく、「最高にちょうどいい」だと思っています（もっとも、あの「フリード」のコピーが若者だけを狙っていたかどうかはわかりませんが）。

「最高」とは、ブランドでいうならルイ・ヴィトンやフェラガモ。普通の若者には手が出ないほど高価です。一昔前の若者なら、それを手に入れるために頑張ってバイトするなり働くなりしましたし、もし入手したなら大喜びしてこれ見よがしに身につけ、他者との歴然たる差別化に鼻高々だったでしょう。

しかし今の若者は「最高」に高価なものをあげるよと言っても、喜ぶより引いてしまう人が多いと思います。「いえ、あの、これ私、別に使わないし」と。嬉しくないわけではないけど、どう扱っていいかわからない。手に余る。「プチ個性」「間接自慢」の文脈からしても、悪目立ちしてしまうから身につけるのは憚（はばか）られる。

ポイントは、**「ちょっとだけ背伸びしたものを身につけたい」**。すごく無理して背伸びするのは息苦しくてイヤ、膝を曲げて小さめに見せるのもダメ。それが「サイコーにちょうどいい」状態です。

象徴的なのが、イタリアの老舗ブランド・フルラ（FURLA）が、今、若者女性の間でかなり人気になっていることです。

「質は良いが、価格はそれほど高くない」というのが彼女たちの間のフルラ評です。5万円くらいで結構いいバッグが買えるので、普通の女子大生からすると価格的に「ちょっと背伸び」。誕生日に親にねだっても、ギリギリ許される範囲なのです。

まとめると、「安っぽいのはもちろん嫌だけど、高価で知られているブランドは、手帳や財布ならいいけど、大きいアイテムを持つと目立ってしまうので扱いにくい。バッグのような大きいアイテムであれば、『サイコーにちょうどいい』というインサイトをついているフルラ」なのです。

巻末付録

若者トレンドに見る「インサイトフル」な事例

ここでは博報堂の若者研が2016年8月から2017年1月の間に採取した若者（おもに大学生）トレンドのなかで、特に彼らのインサイトをついていると思われたものを、いくつかピックアップしてみました。

【Tinderのプロフィール写真を犬変身加工】

「Tinder」とは出会い系アプリのひとつ。ここで登録者が表示させる自分のプロフィール写真を、「犬の耳と鼻」で盛って加工する女子が多く散見されました。

犬になる加工は「SNOW」という別のアプリを使うのですが、それではせっかくの顔がよくわからなくなってしまうのでは？と思いきや、むしろ狙いはそこ。犬の耳と鼻による可愛さアピール……をエクスキューズに、自分の顔のコンプレックスを隠せるというわけです。第4章で述べた「伊達マスク」に近いコンプレックス隠しの手段として、女子たちのインサイトを見事についたといえるでしょう。

【インスタグラムのアカウント名に「official」】

芸能人が公式アカウントであることを示すための表記である「official」を、一般人である一部大学生が「XXXXX_official」のような形でアカウント名に使うケースが見られます。
表向きの目的は「以前作ったアカウントをなんらかの事情で使わなくなったため、〝今使っているアカウントです〟とアピールするため」。しかし実際は「有名人気分を味わいたい」というものです。有名人・セレブ気取りが行動原理の大半を占めているパリピ（パーティーピープル）女子に使用者が多い点は、実に納得がいきます。

【Foodie】

LINE社が開発した、食べ物写真の加工に特化したカメラアプリです。SNSの投稿でとにかく多いのが料理写真の類いですが、であれば機能を完全に食べ物用に特化してしまえば……という割り切りが若者のインサイトをつきました。ケーキや肉料理など、ジャンル別に用意されたフィルター、雑誌のような真上撮りができる機能も受けています。

【「午後の紅茶」でフォトプロップス】

キャラクターの目、口、ヒゲ、蝶ネクタイなどが側面に描かれている「午後の紅茶」のペットボトルです。「フォトプロップス」とは写真を盛り上げるための小道具のこと。横にして顔の前に持ってくるだけでプチ仮装状態になります。

単純にSNS映えするほか、カップル写真撮影の際、そのままSNSにアップするとノロケ感がいやらしい印象を与えてしまうところ、ワンクッション置いて嫌味な感じを薄れさせる効果があります。

また、わざわざ小道具を準備して撮影するのはわざとらしく見えるところ、コンビニでも買える商品を「ついでに」使ってみた、という言い訳になるのも、友人からの評価を異常に気にする若者のインサイトをうまくついているといえるでしょう。


【#たわわチャレンジ】


女性が胸の上にスマホやリモコンといったものを乗せて自撮りし、ハッシュタグ付きでSNSに投稿すること。元ネタは漫画家の比村奇石さんが「月曜朝の社畜諸兄にたわわをお届けします」というタイトルで連続投稿していたイラストシリーズです。主に女性オタク、女性コスプレイヤー、男性オタクをファンに持つ「姫」属性のある女性を中心に流行りました。

単に胸の写真だけをアップすれば「あざとさ」が前面に出てしまうところ、「チャレンジしてみる」という理由づけが行える点が、彼女たちのインサイトをつきました。胸にうまく乗らなかった失敗動画や「貧乳だから無理」と投稿しても「いいね」を稼げる点も、受けがよかったようです。

【瓶コーラ写真】

宅飲みで瓶コーラを買ってきて、その写真をＳＮＳにアップする人が多いという報告がありました。ソフトドリンクにもかかわらず、外観にクラフトビールのようなオシャレ感やレトロ感が漂っており、ペットボトルより格段にＳＮＳ映えします。酒は飲めないけどオシャレなボトルの写真を撮りたい、という若者のわがままなインサイトをうまくついています。

【SUP】

SUP（Stand Up Paddle surfing／スタンドアップパドル・サーフィン）とはその名の通り、サーフボードに立ってパドルで漕ぐ、ハワイ発祥のスポーツです。ボード上に立っている様子を写真に撮ってＳＮＳに投稿したり、アイコンにしたりする事例がよく見られました。

人気の理由としては、海外セレブや日本の芸能人が注目している点、サーフィンと違って誰でも簡単にできる点、今までとは違う（差別化！）海の楽しみ方ができる（海上を濡れずに散歩する、魚を海面上から見る）など。しかし、もっとも強力なインサイトは、特に女性にとって「水着の全身写真を撮るきっかけ」として作用したことでしょう。水着の全身写真をそのままアップするのは、ドヤ顔主張が強すぎるところ、「新しいスポーツをやっている」アピールを交えることで意図をボカせる。ボード上でヨガをするパターンもあるようです。

ＳＮＳ世代の若者は常に、「承認されたい」と「嫌われたくない」の間で戦っているのです。

【悪口ステメ】

LINEのひとこと欄、またはステータスメッセージ欄（ステメ欄）に友達や先輩、別れた相手への悪口を書くこと。中学生に多いようです。

ブロックした相手もそれを読むことができるため、それとなく攻撃ができる一方、ツイッターと違ってリプライがないため、言い返されたりしないのがポイント。思春期特有のモヤモヤを一方的に、または気づく人だけのためにこっそり吐露する手段として、ローテイーンのインサイトをうまくつきました。

【午前3時34分にツイッターで「334」とつぶやく】

ツイッターに「334Ranker」というアカウント（@334Ranker）があり、午前3時34分につぶやかれる「334」というツイートを集計して投稿時刻の早い順にランキングを付けています。

それがどうしたと思われるかもしれませんが、「334」自体に特に深い意味はありません。夜中でもタイムラインを見ているツイッター廃人（ツイ廃）の自虐アピール、または大学生の「寝てない自慢」として使われているのです。自己顕示欲を巧みにつくインサイトもここまで機能特化したか……と感慨深いものがあります。

【ラップ】

TV番組『フリースタイルダンジョン』（テレビ朝日系／2015年9月〜放映中）によって火がついた「ラップバトル」に端を発したトレンドです。

日本語ラップ自体は昔から存在するものですが、ここにきて「口に出したり書いたりしにくい、気恥ずかしい本音もラップの形態ならば表現しやすい」「(自分たちとは違う)ヤンキー、チャラさへの婉曲的な憧れ」が、若者のインサイトをついたようです。

昔からあったものの再注目という意味では、前述した、若冲、春画、広島東洋カープ、スーパー銭湯、千ベロと同様、時代の変化によって見え方・売り出し方・切り口・印象といったインサイトの性質が変わる「情緒インサイト」を内包している典型例です。

【お風呂カフェ】

スーパー銭湯のラウンジにマンガ喫茶やバーが併設されたもの。現代は、スマホのマンガアプリの登場によって若者がマンガを読む意欲自体は上がっていますが、彼らがマンガ本を購入する意欲は下がっています。そんななか、一定料金を支払えばマンガ読み放題、宿泊も可能というシステムが受けているようです。

従来からあるマンガ喫茶は友達と行っても会話ができず、不潔だったり繁華街にあって客層のガラが悪かったりと、大学生には決して印象が良くありませんでした。しかしお風呂カフェはオシャレで入りやすく、友達と話をすることもできる。彼らが望んでいた施設だったというわけです。

【サイレントディスコ】

複数の人がワイヤレスヘッドホンをつけて、同じ音楽を共有するイベント。騒音を気にしなくてよいので、電車内や銭湯などでも行われています。音楽による一体感は得たいが、場所が限られるので手軽さに欠ける、クラブは怖いし、うるさいので友達と会話がしにくい……といった不満を解消するナイスソリューションが、若者のインサイトをついた好例です。

【TSUTAYAのNOTジャケ借】

もともとは2016年10月にTSUTAYAの馬事公苑店で、旧作レンタルを促進させようと始まった企画。ジャケットには短いキャッチコピーのような紹介文とジャンルのみが表示されており、レジに持っていくとはじめて作品名が明かされます。

あまりにも多くの映画に、あまりにも多くのレビューがあふれているなか、「それらを吟味して選ぶこと自体が面倒」と感じている若者のインサイトをうまくつきました。作品はどれも映画レビューサイトで高得点を取ったものばかりなので、大きく外すことはありません。万が一外しても、1週間レンタルで108円なのでダメージは最小。情報が少ない状態で借りるスリル、話のネタとしての価値も魅力だったようです。

あとがき

「『さとり世代』や『マイルドヤンキー』などの流行語をたくさん生み出し、日頃から若者を対象としたマーケティングに携わっている原田さんに、『流行のつくり方』『ヒットの生み出し方』というテーマで本を書いてほしい。自社の商品やサービスをヒットさせたい、流行を生み出したい、でも、一体どうすればそれができるのか分からない……そう思っている人は世の中にたくさんいるはずですから」

こんなご依頼をいただいたのが、この本を書くきっかけとなりました。

確かに、流行語はいくつか創らせていただきましたし、トレンドの最先端にいる若者の分析・研究に長らく携わり、彼ら彼女らの世代をマーケティング対象とした商品の開発や広告のプロモーション案の開発もしてきましたので、このテーマだったらお役に立てるかもしれないと思ったのです。

こうして、自分が作った言葉が流行語になっていった背景や理由、また、近年のヒット商品やサービスがなぜヒットしていったか、ということを考えていくなかで、私が達したひとつの結論は、「ヒットしたモノはすべて因数分解できる」ということでした。

つまり、ヒットしたモノには必ずある程度明確な理由や原因があり、成功因子で分解できる、ということです。裏返していえば、ヒットするモノを構成している成功因子を知ることができれば、ヒット商品やサービスを逆に生み出すことができる、ということにほかなりません。

新語・流行語大賞、日経ヒット商品番付など、毎年、その年にヒットしたモノがメディアで数多く紹介されますが、そのヒットの理由をきちんと因数分解しているメディアや評論家は案外少ないように思います。くり返しになりますが、日々、この因数分解の作業をきちんと行って血肉化していれば、自社や自社製品・サービスにもそれら因子を活用することができるようになり、自社製品のヒットの確率を高めることができるようになると思います。

ヒットしたモノの因数分解、また、それら因子の使い方には、業界や個人によって、さまざまな手法や考え方があると思います。この本では、広告業界で長らく使用されてきた「クリエイティブ・ブリーフ」というフォーマットや、それを使った「デコンストラクション」という手法をご紹介しました。そしてこのフォーマットは、広告業界にかぎらず、さまざまな業界にも転用できるものだと思います。

このクリエイティブ・ブリーフの中で最も重要なのは、本文中で何度も強調してきた「インサイト」です。**ヒットしているモノを因数分解すると、間違いなくそこには優れた強いインサイトが隠されています。**

くり返しになりますが、このインサイトの正体を解明し、インサイトの見つけ出し方を理解することができれば、クリエイティブ・ブリーフの一番重要なパーツが埋められ、ぐっと流行やヒットへ近づくことができるのです。この本では、インサイトとは何か、また、そのインサイトの導き方についてご説明してきました。

この本が、インサイトの説明にその多くを割かれているのは、すべての業界のマーケティングの最重要ポイントは、ぜい肉を削ぎ落としていくと、このインサイトに集約されるからです。

この「インサイト」は、広告業界には昔からある概念ですから、広告やマーケティングの理論に精通した方からすると、至極当たり前なことに思われるかもしれません。とはいえ、一般的にはまだ十分に理解されていない概念であると考え、このたび本書にまとめさせていただいた次第です。

読者の皆さんにはぜひ、売れているモノ、ヒットしている事象を日々目にするたびに、そのヒットの原因や理由の因数分解、すなわちクリエイティブ・ブリーフによるデコンストラクション作業の習慣をつけていただければと思います。そうすることで、皆さんの会社が商品やサービスを開発する際に、成功因子を組み立て、ヒットを生みだすことに近づくことができるはずです。

私はまだ一介のマーケターに過ぎませんが、幸運にも、これまでいくつかの流行語やヒット本、ヒット商品を生み出す体験をすることができました。もちろん、モノが売れる成功要因には、さまざまなイレギュラーな要素がかかわってくる場合も多く、インサイトやクリエイティブ・ブリーフだけではすべてを分析しきれないこともあるでしょう。

しかし私は、本書で紹介してきた一連の作業が、ヒットや流行の確率を高めることができることについて、これまでの私の体験からも確信しています。

この本は、ディスカヴァー・トゥエンティワン編集部の千葉さん、フリー編集者の稲田さんと3人でタッグを組み、かなり長い時間をかけて、本気で、そして直前まで議論をしながら完成した本です。本当にありがとうございました。

最後に。読者の皆さんに。

戦後の昭和の消費社会は、非常に分かりやすいものでした。簡単にいえば、つきつめると、「経済的に豊かになりたい」という大きな社会インサイトに集約できたと思います。ところが、平成に入り、複雑な時代となりました。

衣食住といった生活のベースは豊かになりましたが、その一方で、バブルがはじけ、経済格差が生まれ、価値観やライフスタイルが多様化し、精神的に豊かとはいえない人が増えました。

こうした複雑な平成の約30年間に、日本人はもがきながらも、さまざまなヒット商品やサービスを生み出しました。しかし、昭和ほどヒットの構造はシンプルではなく、またヒットサイクルがどんどん短くなっていることもあり、ヒットの理由がきちんと因数分解されないままに過ぎてしまっているのではないでしょうか。
地に足をつけ、平成の残されたわずかな時間で、本書を片手に、今一度ヒットするための「インサイト」を振り返ってみていただけると幸いです。

もうすぐ来る平成の次の元号の時代に、あなたの会社や商品やサービスが生き残ることができるかどうか——それは、「平成のインサイト」、そして、「平成の次の時代のインサイト」を発見できるかどうかにかかっています。本書がそのご参考になれば幸いです。

二〇一七年十一月

原田曜平

ディスカヴァー携書 189

それ、なんで流行ってるの?

発行日　2017年12月25日　第1刷

Author　原田曜平

Book Designer　渋井史生（PANKEY）

Illustrator　高橋由季

Publication　株式会社ディスカヴァー・トゥエンティワン
〒102-0093　東京都千代田区平河町2-16-1 平河町森タワー11F
TEL　03-3237-8321（代表）
FAX　03-3237-8323
http://www.d21.co.jp

Publisher　干場弓子
Editor　千葉正幸（編集協力：稲田豊史）

Marketing Group
Staff　小田孝文　井筒浩　千葉潤子　飯田智樹　佐藤昌幸　谷口奈緒美　古矢薫　蛯原昇　安永智洋　鍋田匠伴　榊原僚　佐竹祐哉　廣内悠理　梅本翔太　田中姫菜　橋本莉奈　川島理　庄司知世　谷中卓　小田木もも

Productive Group
Staff　藤田浩芳　原典宏　林秀樹　三谷祐一　大山聡子　大竹朝子　堀部直人　林拓馬　塔下太朗　松石悠　木下智尋　渡辺基志

E-Business Group
Staff　松原史与志　中澤泰宏　伊東佑真　牧野類

Global & Public Relations Group
Staff　郭迪　田中亜紀　杉田彰子　倉田華　李瑋玲　連苑如

Operating & Accounting Group
Staff　山中麻吏　吉澤道子　小関勝則　西川なつか　奥田千晶　池田望　福永友紀

Assistant Staff　俵敬子　町田加奈子　丸山香織　小林里美　井澤徳子　藤井多穂子　藤井かおり　葛目美枝子　伊藤香　常徳すみ　鈴木洋子　内山典子　石橋佐知子　伊藤由美　押切芽生　小川弘代　越野志絵良　林玉緒　小木曽礼丈

Proofreader & DTP　株式会社T&K

Printing　共同印刷株式会社

ISBN978-4-7993-2205-5

携書ロゴ：長坂勇司